U0141771

3 MINUTE
STEPHEN HAWKING
His Life, Theories & Influence in 3-minute Particles

3分鐘讀懂 霍金
進入霍金人生、理論、影響的時空旅程

保羅‧派森（Paul Parson）& 蓋兒‧迪克森（Gail Dixon）◆ 著

楊琬晴 ◆ 譯

3 MINUTE

STEPHEN HAWKING

His Life, Theories & Influence in 3-minute Particles

3分鐘讀懂霍金

進入霍金人生、理論、影響的時空旅程

保羅・派森（Paul Parson）& 蓋兒・迪克森（Gail Dixon）◆ 著

楊琬晴 ◆ 譯

國家圖書館出版品預行編目(CIP)資料

3分鐘認識霍金：進入霍金人生、理論、影響的時空旅程 / 保羅.派森
(Paul Parson), 蓋兒.迪克森(Gail Dixon)著；楊琬晴譯. – 初版. – 臺北
市：積木文化出版：家庭傳媒城邦分公司發行, 民103.10 面； 公分
譯自：3-minute Stephen Hawking : his life, theories & influence in
3-minute particles
ISBN 978-986-5865-78-8(平裝)

1.霍金(Hawking, Stephen, 1942-) 2.物理學 3.傳記 4.英國

784.18   103020866

VX0036
3分鐘認識霍金：進入霍金人生、理論、影響的時空旅程

原書名	3-Minute Stephen Hawking: His Life, Theories & Influence in 3-minute Particles
著者	保羅・派森（Paul Parson）與蓋兒・迪克森（Gail Dixon）
譯者	楊琬晴
總編輯	王秀婷
主編	洪淑暖
責任編輯	魏嘉儀
版權	向艷宇
行銷業務	黃明雪、陳志峰
發行人	涂玉雲
出版	積木文化
	104台北市民生東路二段141號5樓
	官方部落格：http://cubepress.com.tw/
	電話：(02) 2500-7696 傳真：(02) 2500-1953
	讀者服務信箱：service_cube@hmg.com.tw
發行	英屬蓋曼群島商家庭傳媒股份有限公司城邦分公司
	台北市民生東路二段141號2樓
	讀者服務專線：(02)25007718-9 24小時傳真專線：(02)25001990-1
	服務時間：週一至週五上午09:30-12:00、下午13:30-17:00
	郵撥：19863813 戶名：書蟲股份有限公司
	網站：城邦讀書花園 網址：www.cite.com.tw
香港發行所	城邦（香港）出版集團有限公司
	香港灣仔駱克道193號東超商業中心1樓
	電話：852-25086231 傳真：852-25789337
	電子信箱：hkcite@biznetvigator.com
馬新發行所	城邦（馬新）出版集團
	Cite (M) Sdn Bhd
	41, Jalan Radin Anum, Bandar Baru Sri Petaling,
	57000 Kuala Lumpur, Malaysia.
	Tel: (603) 90578822 Fax:(603) 90576622
	email:cite@cite.com.my
封面設計	李俊輝
內頁編排	Melody

copyright © The Ivy Press 2011
This translation of 3-Minute Hawking originally published in English in 2012 is published
by arrangement with THE IVY PRESS Limited.

2014年（民103）10月30日 初版一刷
售價   NT$420
ISBN   978-986-5865-78-8
版權所有・不得翻印

目錄 Contents

前言   006
如何使用本書   008
霍金生平簡介   010

Chapter 01 霍金的人生

從頭說起   020
童年時光   022
早期啟蒙   024
為什麼選擇物理？   026
在牛津的日子   028
劍橋博士班   030
逐漸成形的風暴   032
墜入愛河   034
孩子們   036
與漸凍人症共處   038
下一位愛因斯坦？   040
加州   042
霍金怎麼做研究   044
霍金的信仰   046
新的聲音   048
時間簡史   050
科學家與超級巨星   052
環遊世界的天才   054
劍橋——霍金的摯愛   056
霍金目前的生活？   058
時間表   060
專有名詞   062

Chapter 02 霍金的理論

狹義相對論　　　　　　　　066

廣義相對論　　　　　　　　068

黑洞　　　　　　　　　　　070

奇異點　　　　　　　　　　072

奇異點理論　　　　　　　　074

黑洞力學四大定律　　　　　076

一段量子物理的插曲　　　　078

霍金輻射　　　　　　　　　080

黑洞資訊詭論　　　　　　　082

宇宙學　　　　　　　　　　084

暴脹　　　　　　　　　　　086

量子宇宙學　　　　　　　　088

從上而下的宇宙學　　　　　090

量子重力論　　　　　　　　092

了解上帝的心思　　　　　　094

時間的真理　　　　　　　　096

時序保護臆測　　　　　　　098

外星生命　　　　　　　　　100

科學賭注　　　　　　　　　102

霍金理論的證據　　　　　　104

時間表　　　　　　　　　　106

專有名詞　　　　　　　　　108

Chapter 03 霍金的影響

放眼未來　　　　　　　　　112

開枝散葉　　　　　　　　　114

相互切磋　　　　　　　　　116

社會運動家　　　　　　　　118

爭取身障人士的權利　　　　120

無障礙科技　　　　　　　　122

科普著作的王者　　　　　　124

電視與電影拍攝　　　　　　126

天生反骨　　　　　　　　　128

下一個世代　　　　　　　　130

黑洞存在的證據　　　　　　132

蒸發的黑洞　　　　　　　　134

黑洞資訊的遺產　　　　　　136

宇宙的誕生　　　　　　　　138

時間空間　　　　　　　　　140

通往量子重力學的路　　　　142

量子資訊理論　　　　　　　144

時光旅行　　　　　　　　　146

以霍金為名　　　　　　　　148

永垂不朽的傳奇　　　　　　150

時間表　　　　　　　　　　152

專有名詞　　　　　　　　　154

3分鐘看霍金　　　　　　　156

參考資料與致謝　　　　　　158

前言
Foreword

　　史蒂芬・霍金是繼愛因斯坦之後人們心目中代表科學的標誌人物，雖然可能有不少人其實並不十分了解他所做的研究。撇開科學研究不論，光是他的形象就十分令人著迷，這樣一顆聰穎不凡的腦袋就困在逐漸衰弱的身體裡，更別提那些令人驚豔的研究主題——黑洞、宇宙起源與時間的終點。

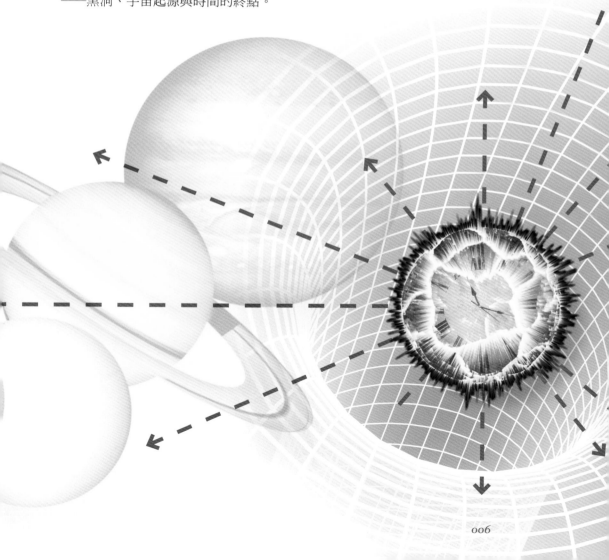

不過，有時人們反而不太喜歡像霍金這樣的天才用簡單的方式解釋高深的原理，彷彿一旦揭開神祕面紗後它們就會變得廉價。在霍金那本號稱史上真正閱讀人數最少的暢銷書《時間簡史》（*A Brief History of Time*）首次出版後，我在好幾次晚宴上，都聽見人們爭相比較自己有多看不懂這本書，如果有人說道：「我連第二章都看不到」，想必一定有人附和：「我到第二頁就不行了！」

　　這著實是件令人遺憾的事。根據我綿薄的理解，霍金的研究實是為科學增添許多奧妙與神祕而絕非減少，保羅・帕森斯（Paul Parsons）與蓋爾・迪克森（Gail Dixon）在本書中也支持我的看法。一般大眾對於霍金的生平其實並不陌生，每個人或多或少都聽說過一些，甚至讚揚他對抗殘疾的精神。但對我而言，更有意義的故事是霍金在二十世紀後半的卓越貢獻，他讓人們對宇宙的了解跨出世紀性的一步。西元 1967 年，當我還是學生參訪劍橋大學時，第一次見到了霍金，而他正為大爆炸理論（Big Bang Theory）進行辯論。當時的大爆炸理論並未完全被接受，但如今人們不只承認大爆炸是解釋宇宙的最佳理論，還能夠精準推算出大爆炸發生在 137 億年前（不多不少，不是 136 億也不是 138 億！），同時，眾多如霍金的學者，也建立出種種概念來解釋——是什麼樣的事件觸發了宇宙的誕生。

　　本書囊括霍金各項重要研究主題，而作者保羅與蓋爾以簡潔易懂的方式，讓所有讀者都有機會一起感受最尖端科學研究的魅力。任何閱讀霍金的書籍到第二章就放棄（或甚至第二頁！）的你，一定要再試一次，試著透過本書了解霍金與他卓越的成就。千萬別錯過！

約翰・格里賓（**John Gribbin**）
英國薩塞克斯大學天文所參訪學者

如何使用本書
How the Book Works

　　史蒂芬・威廉・霍金（Stephen William Hawking）是許多偉大物理學家公認的天才，本書將他的故事分為三部分。第一部分敘述其不凡的人生，從 21 歲被診斷出擁有運動神經疾病，一直到如今無法離開輪椅行動，而與人溝通也只能透過電子系統合成發音。霍金在物理學與天文學的卓越貢獻將在第二章以淺顯易懂的方式呈現。在他的理論中，宇宙最初的起源與黑洞的核心狀態類似：一個密度無限大的奇異點（singularity）。他更精妙地證明了黑洞並不如我們想像地就是個深不見底的洞，它也會發射出粒子與輻射。另外，他甚至想出微調相對論與量子力學，以解釋宇宙如何從完全虛無中誕生。最後，第三章我們將討論霍金的影響力，他不僅替現代量子物理與相對論的研究設立標竿，更是許多重要基本理論的先驅。

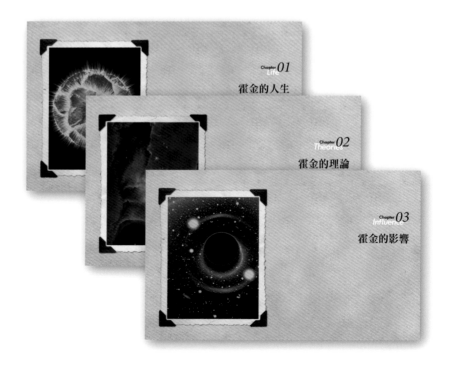

Chapter01
Life
霍金的人生

Chapter02
Theories
霍金的理論

Chapter03
Influence
霍金的影響

3 分鐘讀懂霍金

本書每章的每幅跨頁都是一個單元。以「理論」這章為例，內容涵蓋黑洞、霍金輻射（Hawking radiation）、量子宇宙學（quantum cosmology）等重要主題單元。每單元都包括三段文字，就如「黑洞」單元，分成了「黑暗核心」（解釋黑洞究竟是什麼東西）、「倒楣的旅程」（詳細敘述倒楣到掉進黑洞裡的事物將會歷經什麼）與「光滑的蛋頭」（檢視霍金已透過數學證明的黑洞性質，那奇特的「無毛」特性）。每一段需要 1 分鐘的閱讀時間，也就是每一單元大約花你 3 分鐘，而這也是本書書名《3 分鐘讀懂霍金》的由來。

快速上手

因此每章的閱讀時間約為 1 小時，本書將帶領你進入一段短短 3 小時的時光旅行，從霍金的誕生開始，慢慢步向他的物理發現黃金時期，最後回到現代。每章最後也都有常用名詞解釋，以及能一目了然的重大事件時間表。本書如同霍金的專屬指南，讓你快速了解這位堪稱當今最勇敢也最偉大的物理學家。

霍金生平簡介
Introduction

霍金是當今最有名的宇宙學家之一。在理論物理學中，他甚至能跨越時空與牛頓和愛因斯坦齊名，並列史上最偉大理論家的行列。霍金極具開創性的研究拓展了我們對宇宙的了解，也進一步解釋許多宇宙間的謎團。當他在 21 歲被診斷出罹患肌萎縮側索硬化症（簡稱 ALS）時，醫生告訴他可能只剩下兩年的壽命。霍金在往後長達五十年的學術人生中，與此疾病的對抗從未停歇，甚至至今已幾乎完全癱瘓，但他不允許自己向絕望屈服、絕不自怨自艾。反之，霍金從中找到了生存的勇氣並樂觀、不間斷地進行研究，不僅受聘為劍橋大學應用數學和理論物理學院的盧卡斯教授*長達三十年，也是英國最高科學研究機構——皇家學會的最年輕會員。1988 年，霍金所著的科普暢銷書《時間簡史》剛出版便形成話題，並高據暢銷書排行榜長達四年。這本書將艱澀的宇宙學帶入人群，引發大眾對於新知識的渴望，同時在出版界與電視節目掀起一陣旋風。《時間簡史》讓霍金成為超級明星，在世界各地進行演講，他除了講授對於宇宙的看法，更激發聽眾對宇宙學的熱誠。除此之外，他也積極地爭取殘障人士的福利，並利用自身的影響力表達對核子武器、教育經費緊縮、中東戰爭等重大議題的看法。值得敬佩的不僅是勇敢對抗身體殘疾的精神，還有那些將會通過時間考驗的智慧結晶。霍金毋庸置疑地是能與愛因斯坦齊名的偉大物理學家。

閃耀新星的誕生

史蒂芬‧威廉‧霍金誕生於 1942 年 1 月 8 日，這個特別的日子也是伽利略逝世三百週年忌日。他的父親法蘭克（Frank Hawking，上圖）與母親伊莎貝爾（Isobel Hawking）都是畢業於牛津大學的知識分子。

*譯註：英國劍橋大學的榮譽席位，授予對象主要為數理相關的研究者，同一時間只授予一人。

童年的影響

霍金的家庭與當時的知識分子多有接觸。照片拍攝於 1951 年，當時霍金（圖左）與作家羅伯特·葛瑞夫茲（Robert Grave）的兒子威廉·葛瑞夫茲（William Graves）正在西班牙的馬約卡德阿市（Deya, Majorca）度假。

少年時期的研究

照片攝於霍金位於聖奧爾本斯（St. Albans）的家前。從照片中不難看出年僅 12 歲的霍金已展現不凡的器度，他的天分也贏得了「小愛因斯坦」的暱稱。

幼年的時光

參與童子軍等社團活動，讓孩童時期的霍金從緊張的生活與繁重的課業中抽離出來，獲得短暫的休息。

大學時期

牛津大學的課程內容對霍金而言太過簡單，因此他對大學生活並不熱中，並以極短的時間取得一等榮譽學位後轉讀劍橋大學。

與困境對抗

即使被診斷患有肌萎縮側索硬化症（俗稱漸凍人症）並被告知只剩下兩年的壽命，霍金與妻子珍·王爾德（Jane Wilde）仍決定組成家庭。

合成語音

在電子科技的幫助下，因病失去説話能力的霍金仍可透過合成語音，讓腦中的美好想法與世界溝通。

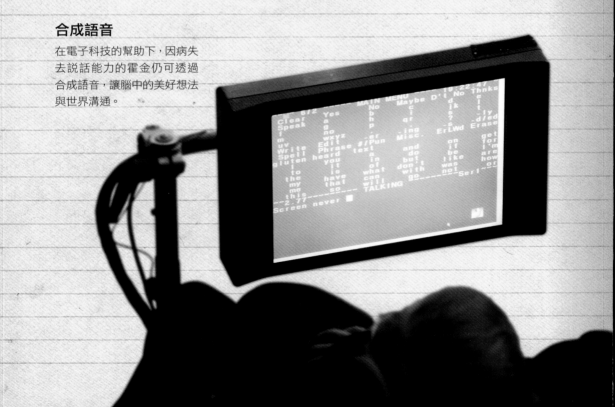

卓越的心靈

霍金與牛津大學數學家羅傑·彭若斯（Roger Penrose，圖右）合影。他們兩人合作證明奇異點的存在（位於黑洞核心中密度無限大的點）。霍金後來延伸奇異點的概念以解釋宇宙的起源。

加拿大俱樂部

霍金與來自世界各地眾多的偉大科學家合作，其中也包括位於加拿大安大略省圓周理論物理研究院（Perimeter Institute of Theoretical Physica）的尼爾·圖洛克（Neil Turok）主任。霍金曾多次拜訪圖洛克，之後更在圓周理論物理研究院任職特聘研究教授。

與大師對話

霍金、亞瑟・克拉克（Arthur C. Clarke）與卡爾・薩根（Carl Sagan，未在照片中出現），三人在英國國家廣播公司（BBC）由馬格努斯・馬格努松（Magnus Magnusson）主持的益智節目《與大師對話》（Mastermind），天馬行空地討論對生命與宇宙的看法。

Geek 的天堂

2000 年，霍金以客串明星的角色出現在《飛出個未來》（Futurama）電視動畫影集，同時出現的還有妮雪兒・妮柯斯（Nichelle Nichols，原版《星艦迷航》中的通訊官烏胡拉）、蓋瑞・吉蓋克斯（Gary Gygax，桌上型遊戲〈龍與地下城〉的創作者），以及圖中最前方的艾爾・高爾（Al Gore，《不願面對的真相》紀錄片中的演講者）。

弦論國際會議

照片為 2006 年在中國北京舉辦「弦論國際會議」的會議媒體摘要。坐在霍金右手邊的與會人士由右至左為知名的物理學家丘成桐、愛德華‧維頓（Edward Witten）、大衛‧格羅斯（David Gross）與安德魯‧斯楚明格（Andrew Strominger）。

夢露與我

2001 年攝於霍金的應用數學和理論物理學院辦公室。霍金曾說如果有一天時光旅行能成真，他會毫不猶豫地回到過去拜訪瑪麗蓮‧夢露。

來自皇家的榮耀

2010 年，英國女王伊麗莎白二世與霍金在英國切爾西花展（Chelsea Flower Show）碰面。他曾兩度榮獲女王親授的勳章，分別是 1982 年的大英帝國勳章（CBE）與 1989 年的榮譽騎士（Companion of Honour）。

暢銷書作家

1988 年《時間簡史》出版後，霍金一躍成為最知名的科普作家。這張照片攝於 2001 年，當時他正在推廣新書《胡桃裡的宇宙》（*The Universe in a Nutshell*）。

南極之旅

霍金絕不屈服於肢體不便，堅決不讓殘疾成為探索世界的阻礙。1977 年，前往南極的旅程也為他的人生立下新的里程碑。

體驗無重力

2007 年，霍金搭乘波音 727 挑戰無重力飛行。這架飛機由理察・布蘭森的維珍銀河（Richard Branson's Virgin Galactic）太空旅行公司提供，最終目的是帶霍金飛向宇宙、探索太空。

物理界的偶像

2007 年 12 月 20 日，霍金與他的青銅半身像合照於劍橋大學理論宇宙學中心。此中心以解答宇宙中種種難題為目標，而這尊銅像便是為了慶祝中心的成立而鑄造。

研究界的天才

劍橋大學應用數學和理論物理學院的辦公室就像霍金的第二個家，是他最常逗留的地方，在那裡他思考著數學公式與宇宙定律。相片攝於 2007 年 9 月。

霍金的人生

從頭說起

閃耀的新星

　　史蒂芬・威廉・霍金誕生於 1942 年 1 月 8 日，非常巧合地，這個日子同時也是**伽利略**（Galiloe Galilei）逝世三百週年的忌日。伽利略是義大利的物理學家、天文學家兼傑出的數學家，被認為是近代科學的啟蒙者之一。伽利略極具前瞻性的科學發現與觀點對當時保守的社會造成很大的衝擊，也為自己帶來災難。當伽利略在佛羅倫斯被逮捕後，羅馬教廷將其囚禁並進行嚴厲的審問，而他仍然在如此艱困的環境中完成許多偉大的科學著作。當今**最知名的宇宙學家**就誕生於伽利略逝世三百週年的忌日，這實在是個不平凡的巧合。不過，霍金則說，全世界約有二十萬個新生兒都在這一天誕生，所以這個巧合或許也不是太特別。

戰亂時期

　　霍金的父母**法蘭克**與**伊莎貝爾**，居住在倫敦北部一座綠意盎然的鄉間小鎮——海格（Highgate）。1942 年，在德國納粹空軍每夜無情地轟炸下，倫敦的建築物受到毀滅性的破壞，當地居民的生命安全受到嚴重威脅。法蘭克與伊莎貝爾決定前往當時尚未受到波及的**牛津**，迎接新生命的降臨。數年後，霍金便在牛津大學攻讀自然科學並取得一等榮譽學位，這裡是霍金旅程的起點，在這趟旅程他將探索宇宙中難以解釋卻令人著迷的謎團。

聊聊霍金的父母

　　法蘭克與伊莎貝爾都成長於中產階級家庭，也都畢業於**牛津大學**。當時牛津的大學生可以粗略分成兩類，一類是擁有富裕的家庭，自幼受完善栽培，衣著體面並來自私立名校，例如伊頓公學（Eton）或哈羅公學（Harrow）。另一類學生則畢業於默默無名的小學校，沒有特別光鮮的外表當然也無法參與那些多彩多姿的宴會，而法蘭克與伊莎貝爾正是屬於這類型的學生。法蘭克就讀**醫學**院並專攻熱帶地區疾病，畢業之後即前往東非實習。二戰爆發後，法蘭克原本打算加入軍隊但正值戰亂的英國十分需要他的醫學專業，於是他決定留在醫院工作，在那裡他遇見了伊莎貝爾並墜入情網。霍金與兩個妹妹，**瑪麗**（Mary）與**妃莉帕**（Philippa），便在兩人婚後不久誕生，之後更領養了霍金的弟弟，愛德華（Edward）。

>> **3 秒鐘摘要**

為了避開倫敦大轟炸（Blitz）事件中如雨水般落下的炸彈，霍金的母親選擇前往牛津待產。霍金誕生的那天正是伽利略逝世三百週年忌日。

>> **相關主題**

童年時光
第 22 頁
在牛津的日子
第 28 頁

> 伽利略也許就是那催生現代科學最有力的手。

伽利略

牛津

1942 年，霍金
與父親法蘭克

童年時光

中學時期

　　霍金 8 歲時，全家搬到位於**哈特福郡聖奧爾本斯**一棟更適合大家庭居住的新房。霍金的父親希望他能搶進當地最具有競爭力的倫敦西敏公學（Westminster School）。但霍金卻在入學考試當天生病了，原定計畫也因此泡湯。霍金後來進入聖奧爾本斯公學，雖然這所學校在當地名氣不如西敏公學，但仍是相當**優秀的名校**。聖奧爾本斯公學鄰近當地最大的聖母院，曾有超過六百位學童以最高等級 A 的卓越成績畢業。霍金順利在 **11 歲**時通過入學測驗。這也證明了想要孕育如霍金一般的天才，良好的學習環境是不可或缺的。

霍金一家人

　　霍金位在希爾賽德路（Hillside Road）14 號的家裡面**到處散落著書籍**與畫作，以及一趟又一趟充滿驚奇旅程帶回的異國戰利品。壁紙在不同的地方剝落，偶爾會露出底下已經穿出個洞的牆，而地毯更是不到破爛絕對不換。霍金家中的代步工具是一部倫敦當地常見的**黑頭計程車**，不過有一年法蘭克與伊莎貝爾決定開車橫跨歐亞大陸前往印度時，便換成福特的 Consul 車款。全家人駕車展開一整年的冒險之旅，但當時霍金必須留在家裡完成學業，所以他未參與這趟旅行。正是這樣自由的氛圍讓霍金的**想像力**能不受拘束地發揮。

一個怪咖

　　霍金是個標準的**書呆子**，外表土氣甚至可能有點怪，嶄新的名校制服穿在他身上也顯得有些凌亂。他一直是個瘦小的孩子，覺得運動是種野蠻又會受傷的活動。有時霍金說起話來會稍稍含糊不清又喜歡把話說得很快，這些特質都使得他更加容易被**孤立**，甚至變成同學挪揄的對象。這時的同學們還未發現霍金擁有的天分，他的朋友曾經在霍金 12 歲時以一包糖果做為賭注，賭他的將來一定一敗塗地，當時的霍金不急不徐地回應：「我不知道你口中的將來是何時，也不知道怎麼才算是一敗塗地。」

>> 3 秒鐘摘要

霍金在充滿書香的環境中成長，在求學時期「書呆子」的模樣成為同學們嘲笑的對象。

>> 相關主題

從頭說起
第 20 頁
科學的賭注
第 102 頁

> 你從什麼學校畢業或你是什麼名人的親戚並不重要，重要的是你做了什麼

霍金與兩個妹妹，
瑪麗與妃莉帕。

聖奧爾本斯公學

早期啟蒙

可造之才

霍金在聖奧爾本斯公學成績最優秀的 A 段班裡，老師對他的評價不是「天資聰穎」就是「**聰明絕頂**」。他總是與其他聰明的孩子為伍，熱切地討論課業上遇到的難題並互相切磋。在爵士與搖滾樂風行的 60 年代，霍金與他的朋友不同於時下的青少年，反而對古典樂抱以熱情，時常相約前往倫敦**皇家亞伯廳**（Royal Albert Hall）所舉辦的音樂會。他們閱讀威廉・高汀（William Golding）、奧爾德斯・赫胥黎（Aldous Huxley）以及金斯利・艾米斯（Kingsley Amis）等作家的著作，並崇尚羅素（Bertrand Russell）的思想。雖然每天都有繁重的家庭作業，週末還有例行的運動行程，這群孩子總能找到時間舉辦優雅的葡萄酒派對，或騎著腳踏車遠赴哈特福郡的鄉間享受休閒時光。

科學家的臥室

霍金的臥室位在頂樓，裡頭兼具青少年常見的散亂與瘋狂科學實驗室的風格，到處堆滿飛機模型、教科書與寫到一半的家庭作業。不論是纏著電線的奇怪金屬小玩意，或是**廢棄實驗室**裡裝著染色液體的試管，房間裡的各樣物品都能看出霍金對**科學的熱情正在增長**。在這裡霍金與朋友發揮他們的熱情與創意設計桌上型遊戲，霍金擔任邏輯推理的角色，負責設計每個遊戲的主要規則。但通常他的想法都太過艱深，即使是聰明機靈的好友們也無法完全理解。

自己組臺電腦

霍金很順利地通過普通會考並取得 10 級分，選修的**數學**、**物理**與**化學**也統統達到 A 級。在公學就讀的最後兩年，他與朋友**合組一臺電腦**，即邏輯單向選擇計算機引擎（Logical Unisector Computer Engine，簡稱 LUCE）。當時英國只有少數大學或國防部才能擁有電腦，所以這臺電腦的確稱得上是了不起的壯舉。霍金與朋友們利用老舊的辦公室電話零件製造出非常複雜的電子電路。雖然 **LUCE** 看起來很陽春但它可以實際使用，而他們唯一面臨的難題是焊接不良。當他們離開學校後，新任的計算機中心主任在桌下發現一個貼有「LUCE」標籤的盒子。當時他還誤以為這只是盒沉重的廢棄物，直到多年後才意識到自己竟把「霍金組裝的電腦」當做垃圾閒置。

>> **3 秒鐘摘要**

少年霍金與許多聰明的男孩結成好友，他們共同設計複雜的桌上型遊戲並組裝了一臺早期的電腦。

>> **相關主題**

為什麼選擇物理？
第 26 頁
科普著作的王者
第 124 頁

> 我的家庭作業常常只是應付了事，手寫字也總是因為太潦草而惹惱老師。但同學都暱稱我為愛因斯坦，我想他們應該是看到了某些更好的特質

12 歲的霍金

倫敦皇家亞伯廳

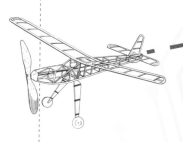

為什麼選擇物理？

少年時期的發明

在霍金還是青少年時，雖然算不上非常手巧但極熱愛製作**模型飛機**或模型船。他說：「我喜歡從無到有自己動手製作模型，能隨心所欲地控制它是我的目標，即使外型長得不怎麼樣也不重要，與朋友一起發明許多複雜的遊戲也同樣充滿樂趣。組裝模型的興趣應該是來自於好奇，不論火車、船或飛機，我都熱切地想知道它們的製作過程或如何操控」。當霍金進入**博士班**後，這份求知的好奇渴望轉移到宇宙學研究，他曾說：「一旦**了解宇宙如何運作**，你就知道如何掌控它」。

了解太空的渴望

霍金的父親相當鼓勵兒子對科學投以熱情，並期望有朝一日霍金能繼承父業成為醫生。當霍金還是孩童時，並沒有特別偏好某一類科學領域，但隨著年紀漸增，霍金慢慢發現自己對物理的熱愛，也開始認為物理才是一切科學的根本。有趣的是，公學時期的霍金曾經覺得物理是最無聊的科目，因為那個階段的物理對他而言太過簡單。反之，實驗時總是會發生些**小爆炸**等意外的化學課，反而顯得有趣得多。雖然霍金認為物理太過簡單，但他也逐漸體會到天文學的定律似乎是一扇大門，讓他得以從中了解世界**從何而來**又**為何在此**。到底該如何解答這些問題，當時他還沒有很明確的方向。

塔塔先生

當霍金名聲越來越大，大眾也對他也越來越好奇。曾經有人問霍金，在他的成長路上最重要的啟蒙恩師是誰？他回答：「塔塔先生。」這位塔塔先生就是**迪克蘭・塔塔**（Dikran Tahta），1950年代為聖奧爾本斯公學的數學老師，塔塔先生不僅是位優秀的老師，偶爾也帶點特立獨行的風格，後來成為數學界備受尊敬的人物。塔塔的課程一向生動又十分重視互動，總是能將他對數學的熱情感染每位學生。在成為**艾斯特大學**（Exeter University）的講師後，塔塔也常鼓勵博士後研究員到郊外拍段擁有美麗風景的影片或烤塊蛋糕，並把這些活動當成研究工作的一部分。他希望能解放每一顆熱愛數學的心靈，不要讓想法侷限於狹隘的模式中，而這些都是霍金能悠遊在宇宙學研究中的養分。

>> **3 秒鐘摘要**

霍金熱中於模型或遊戲的運作與實際操作，這分熱情也轉為一輩子追尋物理真理的燃料。

>> **相關主題**

劍橋博士班
第 30 頁
宇宙學
第 84 頁

" 我希望能看到宇宙的盡頭。"

在牛津的日子

前進大學

　　1958 年，霍金正面臨未來科系的抉擇，家中氣氛也因此有些緊張，父親希望他能繼承父業就讀**牛津大學**醫學系，但霍金希望攻讀合併了數學與物理領域的自然科學。最後霍金接受父親的提議進入牛津大學，條件是可以選擇他所熱愛的自然科學系。入學考試長達兩天，內容包括筆試及面試，面試是與當時就讀於牛津大學的學生進行會談。不僅是入學考的過程冗長得令人疲憊，等待結果的日子也很漫長，但這些對霍金來說都是小菜一碟，他在物理項目獲得 **95 的高分**，並獲得學院提供的獎學金，而所有獲得獎學金的學生都必須維持每學期至少兩項科目獲得 A 級分。

夢幻尖塔之城

　　1959 年，17 歲的霍金剛進入位於牛津（有夢幻尖塔之城的暱稱）的牛津大學，當時的霍金覺得物理課程太過簡單，日子也過得漫無目的、提不起勁。大學的第一年，他只在數學課與助教**羅伯特 · 伯曼博士**（Dr. Robert Berman）開設的討論會中現身。霍金通常只需要幾分鐘就能解開同學苦思數星期的物理難題，可想而知霍金總是顯得意興闌珊。進入二年級後，霍金把注意力轉移到大學裡相當熱門的運動——**划船**，這讓他覺得總算有點事可以做了。霍金瘦小的體型是掌舵手的不二人選，而掌舵手負責判定下槳的速率以及引導船行的方向。霍金與隊員花了很多的時間與心力在河上練習，努力練習的他們也盡情地參加**派對**，而霍金也不例外。

最後倒數

　　在牛津的第三年，霍金申請了**劍橋大學**宇宙學研究所的博士班，入學門檻是通過期末考試，並取得修業成績的一等榮譽獎。助教伯曼認為雖然霍金擁有過人天分，但不夠用功很可能讓他馬失前蹄。伯曼不幸言中了，霍金只拿到**很靠近一等**的二等榮譽。不過，審查委員決定再給霍金一個**決定命運**的口試機會。伯曼說：「還好這些委員擁有足夠的智慧，知道眼前這個孩子遠比在座大部分人都聰明。」霍金口試中的幽默言談也許有幫上忙，他說：「如果你們讓我得到一等榮譽獎，我會前往劍橋大學就讀；若是得到二等，我也只好賴在牛津不走。我想你們一定會給我一等榮譽獎吧。」最後，就如霍金所說，審查委員讓他以一等榮譽畢業。

>> 3 秒鐘摘要

霍金覺得在牛津課程太過簡單而變得懶散，甚至差一點因為重要科目不合格而失去進入劍橋博士班的機會。

>> 相關主題

劍橋博士班
第 30 頁
逐漸成形的風暴
第 32 頁

> 當時的牛津瀰漫著不願意用功的風氣，所以除智以之就己，所以才可以過得的四業。人，不費吹灰之力，否則自拿到得接受極限等學位。

1961 年，掌舵的霍金

牛津大學的瑞德克利夫拱頂建築物
（Radcliffe Camera）

劍橋博士班

選擇宇宙學？

霍金在申請研究所時面臨二選一的難題，一邊是粒子物理領域（自然界最小尺度物質），另一方面則是宇宙學（超越想像的龐大尺度）。最後他選擇了宇宙學，不只是因為愛因斯坦的**相對論**為宇宙學發展指引出明確的方向，同時也是因為這個嶄新的領域還有許多未知的寶物等待物理學家挖掘。1962 年，霍金從牛津大學畢業時，牛津大學還沒有宇宙學相關研究所，因此霍金申請劍橋大學的三一學院，希望成為當時宇宙學領域最知名學者**弗雷德 · 霍伊爾**（Fred Hoyle）的研究生，不過霍金的心願在此時未能實現。

指引前行的明燈

霍金並未如願成為霍伊爾的學生，而被指派到**丹尼斯 · 夏瑪**（Dennis Sciama）的門下。從來沒有聽說過夏瑪的霍金最初很失望，不過很快地便發現這項安排就像是上帝送來的禮物。夏瑪不僅是位**優秀的宇宙學家**，更一直積極地培育年輕天文學者。夏瑪花了許多時間指導年輕的霍金，對他往後的研究旅途有相當大的幫助。在牛津大學時期不夠認真的霍金在艱澀的數學領域並未打好基礎，因此研讀相對論時倍感壓力並再次陷入困境。幸好夏瑪始終相信霍金有著**過人天分**，只要能找到對的方向，他一定會發光發熱。

靈光乍現

那個對的方向在 1964 年出現了，夏瑪帶領著修習宇宙學的學生前往倫敦，參加由天才數學家**羅傑 · 彭若斯**主講的研討會。彭若斯在演講中提出奇異點（一個時空中密度無限大的點，請參閱第二章）會存在於**黑洞**中心的概念，讓包括霍金在內的所有聽眾目光都為之一亮。從倫敦回到劍橋的火車上，霍金反覆琢磨這個讓他著迷的想法，接著對夏瑪說：「我懷疑彭若斯的奇異點理論不見得能夠應用到整個宇宙。」這句話成為霍金學術生涯的轉捩點，不僅替霍金往後的博士研讀時期帶來卓越的研究成果，也開啟了宇宙學研究的新頁。

>> 3 秒鐘摘要

霍金在牛津大學時的散漫種下惡果，導致在劍橋大學博士班的學業並不順利。

>> 相關主題

劍橋——霍金的摯愛？
第 56 頁
奇異點理論
第 74 頁
宇宙學
第 84 頁

> 對我來說，粒子物理學不如宇宙學讓人著迷，雖然很多新粒子陸續被發現，但粒子物理領域並沒有基本理論支撐。反之，愛因斯坦相對論為宇宙學指引出非常清楚的方向。

英國劍橋

羅傑・彭若斯

逐漸成形的風暴

早期的警報

在牛津求學的最後一年，霍金的行動開始**變得遲緩**，甚至好幾次沒由來地突然倒下。到了劍橋之後，他開始發現綁鞋帶變得困難，說話也出現口吃的狀況。聖誕假期間，霍金回到老家聖奧爾本斯，身為醫生的父親很快就警覺兒子的身體不太對勁。**1963** 年春天，霍金轉往專科醫師，並在醫院進行了一連串的精密檢查，包括切片採取手臂肌肉、在體內植入電極，並注射顯影液體進入脊髓，再利用 X 光射線監測霍金的活動狀態。歷經種種檢查後，醫師只告訴霍金這是非典型病症，開了一些維他命給他，並建議先回到劍橋等待他們查明原因。

可怕的消息

診斷結果很快就出爐了，但稍來的卻是最糟糕的結果。他被診斷出罹患**肌萎縮側索硬化症**（Amyotrophic Lateral Sclerosis, ALS），俗稱漸凍人症，一種罕見且無法治癒的運動神經元退化疾病，在美國也被稱為「**賈里格氏症**」（Lou Gehrig's disease）*。一般在得病後，中樞神經系統內運動神經元會持續退化，在訊息無法傳遞到肌肉的情況下，肌肉逐漸衰弱與萎縮。最初的症狀只是虛弱、說話變得含糊不清，以及吞嚥困難。雖然漸凍人症**不會影響大腦**，因此病人的想法、記憶與感覺都仍完整，但隨著病症加劇，窒息與肺炎將是逐步接近死亡的威脅。雖然此疾病的疼痛感並不強烈，但醫師通常會在疾病末期為病患施打嗎啡，減輕病患沮喪以及面對死亡的恐懼。

勇敢面對未來

診斷出只剩下兩年壽命後，霍金**陷入低潮**，他讓自己與世隔絕，不與劍橋的同學、師長聯絡。傳言說道，當時霍金酗酒並恣意放縱自己，不過霍金本人則駁斥道：「我在雜誌專題報導中看到有人說我酗酒，這實在誇張了，雖然我的確覺得自己是悲劇中的主角，但只養成了聽華格納（Wagner）音樂的嗜好。」於是霍金進了醫院，準備進行更多檢查與治療。直到一天，對面病床的男孩因白血病離開了人世，讓霍金重拾面對人生與**對抗病魔的勇氣**。在那之後，每當他對生命感到憤恨不平時，霍金總會想起這個男孩。除此之外，逐漸萌發的愛苗以及對宇宙學的熱愛也不斷鼓勵著霍金。

* 譯註：名稱得自罹患此症的紐約洋基隊一壘手。

>> **3 秒鐘摘要**

霍金得知可怕的診斷結果，他不只得了肌萎縮側索硬化症（俗稱漸凍人），並且只剩下兩年的壽命。

>> **相關主題**

與漸凍人症共處
第 38 頁

霍金怎麼做研究
第 44 頁

> 即使我的未來壟罩著厚厚的烏雲，讓人驚奇的是，我發現自己比以前更懂得享受生命，也更積極希望在學術研究上有所成就

霍金參加牛津大
學的畢業典禮

墜入愛河

弱水三千

　　1962 年，當珍 · 王爾德與霍金在**新年派對**上初次相遇時，她還只是個在聖奧爾本斯修習大學先修課程的少女，而霍金則是個特立獨行的劍橋大學博士生。珍馬上墜入愛河，她記得當時的霍金聰穎過人又自視甚高，也感覺到「他覺得有些東西正在失去，有些不能控制的事正在發生」。當時，霍金已經逐漸感受到肢體不適日漸明顯，正準備前往醫院進行精密檢查。珍後來取得倫敦大學韋斯特菲爾德學院（Westfield College, University of London）的入學許可，接下來的一整年都忙於現代語言學系的大學先修課程。霍金的診斷出爐後，兩人反而更了解彼此，**感情也更加深厚**。

浪漫的劍橋

　　進入大學就讀後，珍常常前往劍橋大學與霍金及其友人**共度悠閒的週末**，他們在河邊的草地上野餐，看著其他學生在河上泛舟，這是劍橋最有名的撐船活動。兩人的訂婚是霍金人生中最重要的轉捩點，在訂婚後，霍金找回了對科學源源不絕的靈感，他的學術成就也越來越顯赫。霍金不只一次提到，跟珍訂婚這件事徹底地改變了他的人生，在被診斷出漸凍人症所帶來深深的絕望過後，第一次，他又找到了**活下去的意義**。霍金告訴自己，要成為配得上珍的男人而與他共組家庭，他必須以博士後研究員的職位受聘於劍橋大學，如果無法達成這個目標，他不僅無法提供珍一個穩定的家庭，連想要繼續黑洞的相關研究也會有困難。

最重要的支柱

　　霍金申請了劍橋大學**岡維爾與凱斯學院**（Gonville and Caius）的博士後研究員，但當時的他已經無法寫字，於是他請珍到劍橋幫忙打字完成申請書。當霍金在火車站看到走出列車的珍時，霍金難掩失望的情緒，因為她的手臂在前一週發生事故而正打著石膏。幸運的是，珍還能勉強書寫申請書，完成後再另外請一位朋友重新打字。**1965 年**，對這對小情侶來說是最難忘的一年。霍金在這一年取得博士學位，進一步成為岡維爾與凱斯學院的博士後研究員，而兩人更在劍橋大學的**三一學堂**（Trinity Hall）舉辦了婚禮。珍知道她的丈夫也許只剩下數年的壽命，但他們決定用樂觀正面的態度來面對人生挑戰，並積極地為這個幸福的小家庭增加新成員。

>> **3 秒鐘摘要**

在霍金與珍相遇的新年派對上，愛苗即在兩人之間悄悄滋長，珍成為霍金最重要的支柱，協助霍金找到與漸凍人症共處的方式。

>> **相關主題**

孩子們
第 36 頁
與漸凍人症共處
第 38 頁

> 如果沒有珍在身邊，我將失去活下去的意願與力量。

霍金與第一任
的妻子，珍

———————— 浪漫的劍橋時光

孩子們

排除萬難

1967 年，自從霍金得知那「只剩兩年」的消息，時間悄悄又過了四年，霍金與珍迎接他們第一個孩子，**羅伯特**（Robert）。羅伯特的誕生是霍金生命中另一個重要的時刻，當時他的**學術生涯正突飛猛進**，其天才物理學家的聲望不僅逐漸攀升，發表的論文也都突破原本研究的框架，帶來嶄新的視野。成為父親這件事更是錦上添花，珍也發現，當霍金體認到必須為這個小生命負責的同時，也給了他更多活下去的動力。這個小生命後來**繼承了父親的衣缽**，進入劍橋大學主修物理，一直到移居美國前都是劍橋大學的物理研究生。

家庭生活

1970 年，**露西**（Lucy）加入了霍金家庭，逐漸增加的家庭成員讓霍金感到無比喜悅，但對同時要扶養小孩與照顧丈夫的珍造成不小的壓力。在第三個孩子，**提莫西**（Timothy），於 1979 年出生後，他們在劍橋的家庭重心完全圍繞在**工作、小孩**與**社交生活**中。珍會陪伴孩子進行如板球、槌球等運動，霍金則推著輪椅負責與孩子賽跑或玩躲貓貓，雖然當時霍金已經無法自由行動且必須依靠輪椅，但他仍然展現驚人的靈活度。對霍金來說，他最大的遺憾是無法像其他父親一樣，在成長的過程中陪孩子進行更多遊戲。

宇宙的冒險

霍金與珍把孩子都送往劍橋的私立學校就讀，這可不是一筆輕鬆的支出，再加上逐漸增加的護理費用，經濟考量成為霍金提筆撰寫物理科普書籍的動力之一。霍金的女兒露西後來進入牛津大學就讀現代語言學系，並成為一位非常成功的新聞與廣播記者。父女兩人合著出版一部三冊的**童書《勇闖宇宙三部曲》**（George series），故事的主角叫做喬治，是一位勇敢的宇宙探險家。這部書籍結合天文物理領域許多美麗的圖片與新奇的理論，激發了眾多年輕孩子的好奇心，成為非常受歡迎的暢銷書，並被翻譯成 **37 種語言版本**。2010 年，露西接受**亞歷桑那州立大學**（Arizona State University）的邀約，成為當年度的駐校作家。

>> 3 秒鐘摘要

診斷出患有漸凍人症的四年後，霍金升格成為羅伯特的父親，露西與提莫西也相繼誕生。為了與孩子有更多互動，靠輪椅行動的霍金還是玩躲貓貓的高手。

>> 相關主題

逐漸成形的風暴
第 32 頁
墜入愛河
第 34 頁

" 成年以後的生活幾乎都在與神經疾病對抗，但這並沒有減緩我追求幸福家庭的腳步 "

1981 年，劍橋，
霍金一家人

與漸凍人症共處

對抗官僚體制

剛結婚的霍金尚還能夠撐著拐杖自己行走，新婚的他們當務之急就是在劍橋找到一個好住所，於是他們向岡維爾與凱斯學院提出希望協助的請求，但總務長卻嗤之以鼻，並表示學院沒有義務幫研究員尋找住所，他們夫妻倆必須自己想辦法。在尋找與等待的期間，霍金與珍則先住在學生宿舍，直到終於租下一間位在**小聖瑪麗巷**（Little St. Mary's Lane）裡的房子。這間房子雖然距離劍橋中心只需要幾分鐘的路程，但它既小又古老，還有彎曲狹窄的樓梯。即便登上樓梯對霍金來說非常耗費體力與時間，但**固執且絕不妥協**的他仍然堅持不借助任何人的幫忙。

當身軀逐漸失控

診斷出患有漸凍人症後，霍金的病情大致穩定，直到 1965 年一場在**邁阿密**舉辦的演講時，病情突然惡化，當時霍金正在臺上進行相對論主題的講述，聲音遽然變得含糊不清，甚至需要同事上臺協助。即使不斷地抗拒了好幾年，1960 年代後期，霍金還是不得不坐上**輪椅**。但他堅持不讓輪椅限制他的生活，劍橋的校園隨處可見霍金活躍的身影，有時穿越人行道前往演講會場、在岡維爾與凱斯學院享受午餐，或是與指導學生熱切地討論。輪椅也成了霍金的新武器，當他不耐煩地想傳達自己的想法時還可以派上用場。若是有人惹他生氣，或是對他的病情表達無謂的同情時，據說霍金還會毫不留情地驅動輪椅朝對方腳趾碾過去。

住在家裡的研究生助理

1970 年代早期，霍金幾乎已經無法憑自己的力量起身或進食。為了減輕負擔，一家人在 **1974 年**搬到劍橋韋斯特路（West Road）上的一樓公寓。即使如此，同時扶養兩個小孩與照顧霍金仍然非常大的負擔，珍十分需要幫助。他們決定提供學生免費住宿以交換生活起居上的協助，霍金的研究生競相爭取這個工作。**伯納德·卡爾**（Bernard Carr）就是早期的「**研究生助理**」之一，他曾說，擔任霍金家中的助理就像參與一段偉大的物理歷史。這些學生成為霍金家中的一份子，他們幫忙照顧小孩、安排每日行程甚至計畫家庭旅行。辛苦的代價是能第一線接觸這位天才的心靈，對其中某些學生而言，這段生活甚至成為日後發展的重要經驗。

>> 3 秒鐘摘要

儘管霍金身體不方便。剛結婚的霍金夫婦仍無法從劍橋大學取得任何住宿方面的協助。直到 1960 年代晚期，霍金才終於接受了必須依靠輪椅的事實。

>> 相關主題

墜入愛河
第 34 頁
加州
第 42 頁

> 我是個非常幸運的人，在肢體因病越來越不方便的同時，學術研究反而開始有了進展。人們因此願意為我準備一些特別的職位，讓我只需要專心研究，不用煩惱教課的問題。

劍橋，小聖瑪麗巷

下一位愛因斯坦？

逐漸升高的名望

在 1960 年代末與 1970 年代初，人們開始關注這位來自劍橋大學的神祕學者，不少地方耳語著，有位粗魯的自傲天才以及他的研究成果。霍金與數學家**羅傑 · 彭若斯**持續發展黑洞相關理論，全世界的物理學家也開始正視他們的研究成果。他們的研究引導出一些新的研究方向，如解釋這些神祕物體（黑洞）的表面，或「視界」（horizons）的行為，並由此發展出一門新的研究領域，**黑洞熱力學**（black hole thermodunamics），1974 年證明黑洞可以發出輻射的開創性理論在當時為此領域奠定基礎。而無數的**獎項與榮譽席位**如雪片般飛向兩人。

皇家學院

霍金的發現在當時顛覆了許多傳統宇宙學的思維，尤其是黑洞與量子重力場相關理論。高漲的聲望讓他在 1974 年獲得英國科學界的最高榮譽，受封為**英國皇家學院院士**（Fellow of Royal Society, FRS）。這是一項只有最優秀的科學家才能擁有的殊榮，歷史上的受封者包括**牛頓、達爾文、愛因斯坦、拉塞福**（Ernest Rutherford）以及超過八十位的諾貝爾獎得主。年僅 32 歲的霍金，成為史上最年輕的院士。

盧卡斯數學榮譽教授

1979 年，劍橋大學也授予霍金最高榮譽教授——**盧卡斯數學榮譽教授**，此席位根據盧卡斯的遺言設立於 1963 年，同一時間只授予一人，因此這項榮譽職可以說代表著全世界最傑出的科學家。檢視歷任的盧卡斯數學榮譽教授，我們可以找到不少為現代科學奠定重要基礎的偉大科學家，如**牛頓、查爾斯 · 巴貝奇**（Charles Babbage）與**保羅 · 狄拉克**（Paul Dirac）。霍金被授予榮譽職時年僅 37 歲，許多人開始以「**下一位愛因斯坦**」來讚揚他不凡的成就，眾人相信霍金是替人類尋找「萬有理論」（theory of everything）的希望，藉此解決目前廣義相對論與量子力學間的矛盾，建立一個能夠統一所有自然力的理論。

>> **3 秒鐘摘要**

霍金變得越來越有名，也讓他成為最年輕的英國皇家學院院士。

>> **相關主題**

黑洞
第 70 頁
了解上帝的心思
第 94 頁
相互切磋
第 116 頁

"我的目標十分簡單，就是徹底理解我們所處的宇宙，了解為什麼宇宙會存在以及它如何發展成現今的模樣。"

牛頓

查爾斯 · 巴貝奇

達爾文

拉塞福

愛因斯坦

保羅 · 狄拉克

加州

科學家的夢想之地

　　到了 1974 年，全世界都知道霍金是聰明絕頂的宇宙學家，更受邀前往**加州理工大學**（Caltech）進行一年的研究，研究經費將由「謝爾曼卓越獎金」（Sherman Fairchild Distinguished Scholarship）資助。或許對熱鬧的洛杉磯來說加州理工大學並不算大，每年也只招收區區 2,150 位的學生，但各個都是頂尖的精英。這裡聚集了堪稱全球最優秀的人才，歷屆畢業生與教職員竟有 31 位**諾貝爾獎**得主。這裡的研究室可稱為科學家的夢幻天堂，你可以操作全世界最好的天文望遠鏡，從來不需要擔心研究經費短缺，那兒永遠都有等著出資的贊助者。對霍金來說，更加吸引他的是能與赫赫有名的理論物理學家**基普 · 索恩**（Kip Thorne）一起工作。

洛杉磯的生活

　　霍金全家都非常興奮能夠搬到陽光普照的加州，也很享受這裡的社交生活，喜歡招待朋友到家中小住，一同開車享受**環太平洋高速公路**的風光，有時也會前往**棕櫚泉**附近的美麗沙漠旅行。也許就是因為英國漫長的寒冷冬天，讓霍金一家格外享受此地生活。當時的劍橋大學只支援霍金一家人基本需求。**加州理工大學**就不同了！他們把霍金視為貴賓，總是非常尊重霍金且設想周到，像是用木板蓋住公寓附近的卵石路以便輪椅行進，霍金的辦公室也重新打造。而此時，霍金的身體狀況逐漸下滑，也需要更多的醫療照護。

偉大的心靈

　　不僅是霍金這位來自劍橋的年輕天才物理學家，加州理工大學還擁有許多讓其他學校望塵莫及的偉大物理學家。這裡除了擁有基普 · 索恩領導的相對論研究團隊，諾貝爾獎得主**理查 · 費曼**（Richard Feynman）當時也在加州理工大學任職，而這些舉世聞名的物理學家身邊更都是頂尖的學生。索恩與霍金的演講都非常受學生喜愛，他們把宇宙學中重大發現的意義與令人興奮的有趣之處結合，並把這股熱情感染給聽眾。霍金透過索恩認識了生命中重要的朋友，**唐 · 佩奇**（Don Page），兩人一拍即合，並在這一年聯手發表了一篇黑洞研究極為關鍵的論文。霍金熱愛在加州理工大學的時光，即使離開以後，也時常回來探望他的「第二個家」，每次也都會受到巨星般的熱情迎接。

>> **3 秒鐘摘要**

霍金獲得了加州理工大學資助的職位，這所盛名遠播的學校不只提供霍金與全球精英一起工作的機會，也讓他的家庭好好享受了英國灰濛天氣之外，那片加州碧藍的天空。

>> **相關主題**

相互切磋
第 116 頁

> 直到 1974 年前往加州，我們才算是真正獲得外界的協助，與我們同住的不再是學生，而是專業的護士。

基普・索恩

加州理工大學

霍金怎麼做研究

超越物質的心靈

　　大家都同意霍金是自從愛因斯坦後最聰明的理論物理學家，但他到底有多聰明呢？霍金對於傳統的**智力測驗（IQ）**其實抱持著有些輕蔑的態度，並在某次受訪中提到「那些誇耀自己智商的人都是失敗者」，不過他也在當次訪問中說：「希望自己的智商是高的」。有些人認為霍金的「**現象記憶力**」（phenomenal memory）超乎常人，這是讓他克服身體殘疾的關鍵之一。當霍金還是學生時，他幾乎不需要做筆記；霍金身旁的祕書也曾說，憑記憶口述長達四十頁的公式對霍金而言並不稀奇，更讓人驚訝的是，隔天他還能想起這條口述公式中哪個地方他弄錯了。把這些專屬霍金的天分與理論物理學相加後，便產生某些絕無僅有的東西了。

合作是成功的關鍵

　　如果有人問霍金他的工作模式為何，他通常都會回答他非常依賴**直覺**，覺得某些想法「應該是對的」，接著嘗試證明這些想法。有時他會犯錯，有時原本的想法雖有瑕疵，卻能引導他往新的方向思考。霍金非常樂於與劍橋大學**應用數學與理論物理學系**（DAMTP）的學生或博士後研究員討論，他會和門下的博士班學生利用早晨的咖啡或下午茶時間交流新的想法或講點笑話，數年來這已經成為應用數學和理論物理學院裡很重要的日常活動。作家**丹尼斯‧奧弗拜**（Dennis Overbye）曾經到劍橋大學拜訪霍金，他描述學生圍繞著霍金的情景：「他們的年紀、衣著、蒼白且營養不足的模樣就像是一群搖滾樂團的巡迴演唱工作人員」。

指揮中心

　　由於漸凍人症仍持續加劇，霍金的輪椅與劍橋大學的辦公室也必須升級。霍金使用的是電動輪椅，**椅墊底下的電池**不只提供輪椅本身動力，也提供電力給架在輪椅扶手上的電腦，讓霍金能輕易地看見螢幕。當霍金需要與外界以電話交談時，他可以使用網際網路語音協定（Voice over Internet Protocol, VoIP），或是直接將電腦與電話插孔連接；透過電腦預先設定好的指令，霍金可以撥打號碼、接聽電話或掛斷電話。另外，還有一套**紅外線遙控裝置**與電腦連結，讓霍金能開門、開關燈、操作電視或其他電器產品。

>> **3 秒鐘摘要**
霍金驚人的記憶力讓他能在腦中操縱那些複雜的數學公式，完全不需要拿筆寫下任何一條公式。

>> **相關主題**
無障礙科技
第 122 頁

> 我發現與旁人討論我的想法幫助很大，即使對方沒有太多回應，透過將想法解釋給別人聽，已經足夠讓我釐清自身的主張。

劍橋大學應用數學與理論物理學系

霍金的信仰

宇宙學與宗教

「天堂……是給害怕黑暗的人們的童話故事。」在一段討論宗教的對話當中，霍金徹底表達對於宗教的態度。與愛因斯坦一樣，霍金認為信仰和宗教與他的宇宙觀點背道而馳。霍金或許會承認，當我們討論宇宙起點時很難不去思考神在其中扮演的角色，不過對他而言，宗教信仰是個人的自由選擇，但**數學邏輯**凌駕在任何心靈需求之上。由於前妻珍是一名基督徒，霍金主張的「**不可知論**」（agnosticism）也為這段婚姻帶來了一些傷害、緊張與挫敗。珍曾經說，若是沒有對上帝的信仰，當時的她很難堅決嫁給霍金並對未來充滿樂觀。

政治活躍的霍金

霍金來自一個積極參與政治活動的家庭，他的母親伊莎貝爾在 **1930** 年代曾經是**共產黨員**，之後加入**工黨**（Labour，英國最大的左翼政治團體），她常常鼓勵霍金一起參與示威抗議活動，其中也包括反核運動。霍金積極支持工黨，也毫不掩飾地批評那些試圖刪減科學經費的政治人物。隨著名聲越來越響亮，他也更積極在各種社會與政治議題發聲，像是反對核武、**聲援貧窮人口**，以及關心環保相關的議題。同時霍金也領導了一個陣營，試圖推翻阻礙女性進入劍橋大學岡維爾與凱斯學院的舊制。

爭取身障權利

霍金對於自身的障礙一向保持低調，他期望人們能聚焦在他的學術研究與人格特質，而不是因為肢體障礙而面臨到的生活困境，不過他始終積極地為身障人士的權益奮鬥。1970 年代，他與劍橋大學針對「誰應該替應用數學與理論物理學系的無障礙設施買單？」展開了**長期抗爭**，霍金獲得最終的勝利，這似乎也激起了他奮戰的決心，此後更加積極地為改善環境中的無障礙空間奔走，而劍橋大學自然成了最大的目標。1979 年，**英國皇家障礙與復健協會**提名霍金為「年度風雲人物」。

>> **3 秒鐘摘要**

霍金對於政治與宗教的觀點直言不諱，即使這常常為他招來爭論與衝突。

>> **相關主題**
爭取身障人士的權利
第 120 頁
天生反骨
第 128 頁

> 在宇宙數千億個星系當中，地球是多麼渺小的較之下，人類是不足道的存在，相過的生命體。因此，我很難相信上帝會注意到人類的存在，更別提給予人類與眾不同的照顧。

新的聲音

與死亡爭戰

　　1985 年，霍金差點輸掉這場與漸凍人症的搏鬥。當時他正在瑞士日內瓦附近的**歐洲核子研究組織**（CERN）主持研究，而《時間簡史》還尚未出版。由於那時珍正好赴德國拜訪朋友，霍金便交由全職護士照顧。八月的某個晚上，護士發現霍金呼吸困難，緊急將他送往康通納醫院（Cantonal Hospital）並戴上了呼吸器。初步診斷是由於氣管阻塞與肺炎造成，這些症狀對於漸凍人症病患非常致命，醫生建議霍金進行**氣管切開術**（tracheotomy，在脖子的氣管處切開小洞），並植入人工呼吸器。這項手術是維繫生命的必要手術，但也意味著他將永遠無法說話。

陷入黑暗

　　是否進行此手術的重責大任落到了珍的肩上，她陷入**難以抉擇的兩難**，雖然除了最親近的家人與朋友，旁人其實已經很難理解霍金在說什麼，但若是霍金完全失去說話的能力，他的生活將會如何轉變？除此之外，手術所需的醫藥費也會帶來額外的經濟壓力，霍金會需要二十四小時全天候的護理照顧，但**英國的健保制度**只提供每週數小時的補助。不僅如此，當溝通方式只剩下用眨眼選擇眼前的字卡，他真的能夠繼續研究工作嗎？多方考慮之後，珍仍然選擇進行手術，但等待在霍金一家人面前的未來似乎蒙上一片灰霧。

說出話的新希望

　　在霍金返回劍橋休養、等待康復的期間，他收到來自美國電腦專家**華特‧華托茲**（Walt Woltosz）激勵人心的大好消息，華托茲寄給霍金一套他編寫的程式「**等化器**」（Equalizer），這套程式可讓霍金透過按壓手中的開關選擇螢幕上的文字，輸入文字後句子會被傳送到**語言合成器**（voice synthesizer）代替霍金「說話」。這套系統如今已逐步改良而更加完備，霍金只要抽動右臉頰肌肉，眼鏡上的紅外線感應器會收到訊息，讓他能移動游標在自建的字典中選字。這套系統雖然每分鐘只能選出十個字左右，但語言合成器能與輪椅結合，不僅攜帶方便也讓霍金脫離對人工翻譯者的依賴。於是，這個以美國為主、稍微混合一點北歐口音的新聲音，很快就成為全世界所認識的「霍金的聲音」。

>> 3 秒鐘摘要

霍金在瑞士時病危，為了保命必須緊急進行氣管切開術，但這也永遠奪走了他的聲音。所幸電腦科技讓霍金又可以重新開口，成為我們現在所熟悉的「霍金的聲音」。

>> 相關主題
與漸凍人症共處
第 38 頁

> 人類一切偉大的成就都是靠著口述傳遞，如果從此不能說話，那將會是我人生最大的挫折，幸好它並沒有發生。

在劍橋的霍金

位在瑞士日內瓦的歐洲核子研究組織

時間簡史

經濟壓力

1980 年代中期，霍金家庭面臨照護費用與教養孩子（主要是私立學校的學費）的雙重經濟壓力，對珍與霍金而言，一直有個潛在的恐懼揮之不去：如果霍金的身體狀況突然惡化到無法離開家、無法工作，那該怎麼辦？而霍金心中則有項計畫，不過這項計畫需要幾年的時間才能完成。1984 年，霍金的論文與著作已經受到學術界的高度肯定，但由於內容過於艱深，甚至對某些理論物理學家而言都需要花費一番功夫才能完全理解。於是，霍金興起**撰寫科普書籍**的念頭，希望讓各行各業的人們都能輕易理解他的研究成果。劍橋大學的出版社非常支持這個想法，並提供霍金英鎊 1 萬元（約臺幣 50 萬元）的資金。

翻山越嶺

八千公里之外的紐約，一位名為**薩克曼**（Al Zuckerman）的文學經紀人正閱讀一篇關於霍金教授的文章，對霍金產生高度興趣，試圖與霍金聯絡並討論是否有出版書籍的可能性，霍金也很熱情地回應，並回寄一份出版計畫書的草稿以及幾篇稿子，這些稿子後來也都成為《時間簡史》的一部分。這份計畫書在出版界引起了大騷動，最後薩克曼把美國與加拿大的版權以**美金 25 萬元**預售給班坦圖書（Bantam Books）。霍金真正開始撰寫《時間簡史》是在 1984 年，他與編輯**彼得・古查迪**（Peter Guzzardi）合作無間，古查迪與霍金讓原本艱澀難懂的版本逐步修改編寫成普羅大眾都能理解的文字。出版時，也請到知名的天文物理學家卡爾・沙根（Carl Sagan）為此書撰寫前言。

一炮而紅

1988 年春天，《時間簡史》正式完成，就在霍金與死神拔河並進行了氣管切開術之後不久。雖然這本書對一般人而言並不容易理解，不過當它在美英兩國出版時，仍造成**前所未有的轟動**，並占據銷售排行榜長達四年。於是霍金成為全球家喻戶曉的人物，並認為他開啟了科普書籍的新頁。一直到本書原文版出版的那年，《時間簡史》已發行了超過 **1,000 萬本**，雖然不少人懷疑，當中究竟有多少人真正將整本書讀完。

>> 3 秒鐘摘要

需求是發明之母，在面臨照護費用與學費的雙重壓力之下，霍金花了數年的時間寫作科普書籍，而這些書籍也都成為劃時代的重要著作。

>> 相關主題
科學家與超級巨星
第 52 頁
科普著作的王者
第 124 頁

看到一本科學書籍能與搖滾明星的自傳相提並論，我感到十分欣慰。也許人類這種物種還是有進步的希望。

科學家與超級巨星

蜂擁而來的名望

　　《時間簡史》讓霍金一躍成為家喻戶曉的**巨星**，不過除了部分聲望他欣然接受外，其他頭銜則被非常堅決婉拒了。多年來，科學界一直很困惑為什麼英國沒有授予霍金爵士的頭銜，霍金在 2008 年解答了這個謎題，其實早在十幾年前他便婉拒了這項殊榮。或許霍金響亮名號帶來的最大成就就是他打破疆界，為科普書籍帶來嶄新的面貌，並激發了全世界讀者對於宇宙學的興趣。成名後，霍金沒有害羞地躲避閃爍的鎂光燈，他反而大方地擁抱流行文化，1990 年代起，霍金便開始頻繁地接受電視與平面媒體的訪問。

流放荒島

　　1992 年，霍金受邀參與著名的 **BBC 廣播節目**《荒島唱片》（Desert Island Discs），曾經受邀的來賓包括知名的作家、科學家、演員或政治人物。節目中，來賓假設自己被流放到一座荒蕪的島嶼，要選出八首陪伴流放生活的樂曲。霍金在節目中完全展現了**對古典音樂的熱愛**，他的八首樂曲分別來自華格納、貝多芬、普契尼（Puccini）與普朗克（Poulenc），還有霍金最愛的莫札特的〈安魂曲〉（Requiem in D Minor），最後入選的還有**披頭四**的〈Please Please Me〉與法國女歌手小雲雀（Edith Piaf）的〈Non, je ne regretted rien〉。最後，來賓還要選擇一本書帶去那孤獨的荒島，霍金挑了英國女作家喬治・艾略特（George Eliot）所著的《米德鎮的春天》（*Middlemarch*）。

持續受訪

　　1990 年代中期，霍金的合成聲音出現在各式場合中，包括英國電信的廣告與**平克佛洛伊德樂團**（Pink Floyd）的〈Keep Talking〉，此曲收錄在 1994 年的專輯《藩籬警鐘》（The Division Bell）中。霍金也不排斥以自嘲的形象出現，他參與了 1992 年的《辛普森家庭》系列，首集的標題為「拯救麗莎的大腦」，由於觀眾反應熱烈，霍金接連又參與了數集演出。不過這些媒體演出也可能帶來預料之外的負面效果，最近的英國衛報訪問中，物理學家布萊恩・考克斯（Brian Cox）便問霍金：「你覺得人們對你的學術研究最大的誤解是什麼？」霍金回答：「人們以為我是辛普森家庭中的一個角色。」

>> 3 秒鐘摘要

霍金成為家喻戶曉的知名人物，甚至出現在平克佛洛伊德樂團的 BBC 音樂電台節目與影集《辛普森家庭》中。

>> 相關主題
電視與電影拍攝
第 126 頁
以霍金為名
第 148 頁

霍金在辛普森家庭中的台詞：

"荷馬，你的甜甜圈宇宙理論我很感興趣，我可能必須偷走這個想法。"

環遊世界的天才

壓力漸升

　　1980 年代晚期起，霍金的名聲傳遍全球，《時間簡史》所引起的注目在霍金的專訪與傳記連續曝光下越燒越旺。於是霍金開始了**忙碌的生活**，帶著一組醫護人員與他環遊世界、四處授課。但反觀家庭，他的婚姻則正面臨重大的危機，默默照護與支持霍金數十年的珍，在霍金巨大的成功之下備受壓力，她曾經天天為霍金洗澡、更衣、照料三餐，並且在一邊攻讀博士時也從沒忽略幼小的孩子，如今這一切卻讓她感覺自己只是活在暗處的影子。**緊張的氣氛**正逐漸蔓延開來。

第二次婚姻

　　電腦工程師**大衛 · 梅森**（David Mason）曾協助霍金改善輪椅與電腦的配置，讓使用更順暢，他的第二任妻子伊蓮（Elaine）是 1980 年代晚期負責照護霍金的護士。伊蓮參與霍金許多海外行程，也讓兩人有機會越走越近。1990 年，整個劍橋為一篇報導震驚──霍金決定與結縭二十五年的妻子分開，搬離住家與**伊蓮**同居。父母分居的消息讓霍金的孩子很難接受，尤其是當時年僅 11 歲的提莫西衝擊尤甚。1991 年，霍金與珍離婚，並於 1995 年與伊蓮再婚。

海外行程

　　1990 年代的霍金奔走於研究、海外行程與指導劍橋大學應用數學與理論物理學系的學生之間，更在其間抽出時間與大導演**史帝芬 · 史匹柏**在洛杉磯碰面，史匹柏對於霍金的研究深感興趣並持續追蹤他的研究成果數年。短短幾年之間，霍金的足跡遍及印度、以色列、南非、加拿大甚至南極，與史匹柏碰面只是眾多旅程中的一小段，而每段旅程都帶給霍金繼續前行的力量。大多數的**海外行程**都有伊蓮陪伴霍金，兩人的婚姻持續了十七年。2007 年，霍金宣布**這段婚姻已經走到盡頭**，他與伊蓮正在進行離婚手續。霍金至今沒有再婚，他與珍保持良好的互動，時常與兒孫共享天倫之樂。

>> **3 秒鐘摘要**

霍金四處旅行、把課程帶到地球上不同的角落，但此時他的婚姻卻遭逢巨變，霍金決定離開珍，並與護士伊蓮 · 梅森交往。

>> **相關主題**
科學家與超級巨星
第 52 頁

> 如果我能擁有時光機，我希望旅行到宇宙的盡頭看看終點是什麼。

劍橋──霍金的摯愛

特別的地方

由於霍金閃耀的光環，全世界的研究機構與大學莫不爭相以高薪聘請霍金擔任終身教職，希望能增添自身的名氣。不過，除了幾次海外研究機構的短期邀請之外，霍金始終沒有離開劍橋以及應用數學與理論物理學系。劍橋這座城市裡擁有眾多**精緻的建築物**以及特有的美，在這樣的氛圍下，自中世紀以來便培養出許多詩人、科學家與哲學家。對霍金而言，有幾個深刻的理由讓他把劍橋當成永遠的家：他在**康河**（River Cam）旁的樹下對珍表達愛意、在劍橋結婚、也在劍橋迎接三個孩子的誕生。霍金對於劍橋大學時有不滿，尤其是在爭取無障礙設施的過程，但這座城市是他永遠的家，在他的心裡有著非常特殊的地位。

眾所矚目的焦點

霍金非常樂意參與社交活動，而且向來都是**劍橋知識分子聚會**的中心人物。霍金與珍位在小聖瑪麗巷裡的小公寓也總是擠滿了賓客，一起欣賞古典樂、共享食物，這裡是大夥聊天的最佳場所。桌旁有時會坐著幾位**希阿瑪**門下的學生，他們的研究經常是宇宙學領域的先驅，其中某些學生在不久的將來也成為舉足輕重的人物，**馬丁・里斯**（Martin Rees）就是其中一位，他曾出任英國皇家天文學會會長，劍橋大學三一學院院長與英國皇家學會會長（只有英國最傑出的科學家能受邀成為會員）。即使里斯與霍金對於宗教與科學的看法有所不同，多年來他們始終是非常好的朋友。

劍橋以他為榮

1989 這一年，劍橋大學授予霍金「**科學博士**」（Doctor of Science）榮譽學位，這是劍橋大學最稀有且最崇高的榮譽學位，頒發當天**國王大道**兩旁聚集了上百人列隊鼓掌，霍金推著輪椅緩緩前往議事大樓的典禮現場，接受劍橋大學校長菲利普親王（HRH Prince Philip）親自授獎。霍金時常出現在劍橋的餐廳、教學大樓或音樂會上，帶著微笑接受身旁人們投來的仰慕眼光。雖然他一向對大眾非常友善，但也非常注重個人與家庭隱私。當全球媒體蜂擁而至希望採訪觸礁的婚姻（尤其是與伊蓮離婚）時，不僅霍金本人拒訪，劍橋大學與霍金的朋友、同事也都對媒體關上大門。

>> 3 秒鐘摘要

霍金與劍橋一起走過漫長的人生道路，也一同度過最美好的時光與晦暗的時期，劍橋這座城市就像母親一般，永遠不吝於擁抱這位傑出的孩子。

>> 相關主題

墜入愛河
第 34 頁
孩子們
第 36 頁

> 我在四十七年前以研究生的身分來到劍橋，當時宇宙學還是個不受注目的領域，但我在應用數學與理論物理學系感受到勇於冒險、發現新知的氛圍。

霍金、馬丁・里斯與
麥克・葛里芬（Michael Griffin）

霍金目前的生活？

忙碌的行程

　　由於劍橋大學規定盧卡斯教授的退休年齡上限為 **67 歲**，於是 2009 年，霍金退下任職長達三十年的職位。不過他並未停下腳步，身為劍橋大學應用數學與理論物理學系教授，他依舊忙碌於教書、海外演講、研究以及科普書籍的寫作。在霍金眾多的著作當中，**《胡桃裡的宇宙》**（*The Universe in a Nutshell*）被視為《時間簡史》的續集，囊括許多理論物理學的重要突破；另外，與**雷納．曼羅迪諾**（Leonard Mlodinow）合作的**《大設計》**（*The Grand Design*），為科學與宗教的衝突提出了許多大膽的想法。探索頻道的《霍金大師系列》節目於 2010 年開播，用深入淺出的語言探討現代天文學的重要議題，甚至也討論到外星人與時光旅行存在的可能性。

科學大使

　　儘管肢體不便，霍金一直擔任積極推廣理論物理的科學大使。2008 年，他接受位於加拿大安大略的頂尖理論物理研究機構，圓周理論物理研究院（Perimeter Institute, PI），的**特聘研究講座**，該研究所聚焦在量子理論與重力研究兩大方向是吸引霍金的最大原因，也讓他很享受能定期到這裡進行較長期的研究。為了表達對霍金的敬重，圓周理論物理研究所將新建的「**藝術型態大樓**」以霍金為名，並邀請他參與 2011 年的啟用典禮。這棟大樓是原先舊建築的兩倍之大，其中包括可容納兩百五十人的宿舍，這也使得**圓周理論物理研究所**一躍成為世上最大的理論物理研究中心。

醫療上的成就

　　1963 年，霍金被告知只剩下兩年壽命，然而在 2012 年 1 月 8 日，霍金度過了 **70 歲的大壽**，成為**世上最長壽的漸凍人症患者**，他總是將長壽的祕訣歸功於家人的支持與研究工作的心靈寄託。來自各方的榮譽不曾間斷，霍金至今獲得了**十二項榮譽學位**、大英帝國最優秀勳章（CBE）以及大英帝國的名譽勳位（只有對大英帝國貢獻卓越人士才有資格獲此殊榮）；另外，美國總統歐巴馬並於 2009 年授予霍金最高平民榮譽的總統自由勳章。霍金的身體因病侷限於狹小的活動範圍，但他的心靈卻能悠遊於廣大的宇宙中。對大多數人來說，他代表的是心靈力量凌駕身體限制的最佳典範。

>> **3 秒鐘摘要**

霍金慶祝 70 歲生日，慶祝他的偉大物理研究成果，以及一生為學術發展貢獻的非凡成就。

>> **相關主題**

永世不朽的傳奇
第 150 頁

> 我擁有一個美麗的家庭、成功的事業，還出版了許多暢銷書。人生至此，夫復何求。

2009 年，美國總統歐巴馬授予霍金「總統自由勳章」

位於加拿大安大略
圓周理論物理研究
所中的霍金大樓

時間表

1942

為了躲避倫敦大轟炸，霍金的父母避難到牛津，並生下了霍金。

1959

霍金進入牛津大學主修自然科學（結合數學與物理的課程）。

1962

在牛津大學時對學業的散漫種下惡果，導致霍金申請劍橋大學博士班的過程並不順利。在持續地努力下，他終於取得優異的成績，開始了博士班的生活。

1962

珍·王爾德與霍金在聖奧爾本斯新年派對上初次相遇。在劍橋的鄉村求婚後，兩人共結連理並有了三個孩子，羅伯特、露西與提莫西。

1963

數次跌倒後，霍金決定接受檢查，診斷結果為漸凍人症，這是一種無法治癒的疾病，一度讓他陷入絕望。

1965

身為科學家的霍金逐漸嶄露頭角。他與珍結婚，並成為劍橋大學岡維爾與凱斯學院的博士後研究員。

1969

霍金的身體狀況急轉直下，不得不開始嘗試接受使用輪椅，漸漸地霍金無法自己上床、更衣甚至進食。

1974

霍金的學術成就大放異彩，並受封為英國皇家學院院士（科學界的最高榮譽之一）。

1979

劍橋大學授予霍金最高的榮譽教授席位，盧卡斯數學榮譽教授。牛頓在十七世紀也曾擔任此榮譽席位。

1985

氣管阻塞與肺炎讓霍金在鬼門關前走了一遭，他進行了氣管切開術雖挽回性命，卻永遠無法用自己的聲音説話。之後，那裝在輪椅的等化器讓他能再度發出聲音與外界溝通。

1988

《時間簡史》出版後迅速竄上英國與美國暢銷書排行榜第一名，霍金成為全世界家喻戶曉的人物。

1990

霍金與伊蓮同居，離開了結縭二十五年的珍。而霍金的第二次婚姻在 2006 年宣告結束。

2012

霍金歡慶 70 歲大壽，他不僅是全世界最有名的宇宙學家之一，也是最長壽的漸凍人症患者。

專有名詞

不可知論
Agnosticism

不可知論者包括了宗教懷疑主義者，他們認為以人類的知識無法得知上帝是否存在。

肌萎縮側索硬化症
Amyotrophic Lateral Sclerosis, ALS

俗稱漸凍人症，在美國也被稱為賈里格氏症。此為無法治癒的罕見疾病，患者通常在診斷出罹患該病後的二至三年內面臨致命的危險。

加州理工大學
California Institute of Technology, Caltech

1970 年代，霍金在此長駐一年，與物理學家基普 · 索恩一同進行研究工作。

卡爾 · 薩根
Carl Sagan

美國天文物理學家、作者與電視節目主持人。薩根為最早嘗試將宇宙學帶入人們生活的科學家之一，並為《時間簡史》撰寫前言。

歐洲核子研究組織
CERN

該組織位於瑞士的日內瓦，並在當地建造了一座大型強子對撞機（Large Hadron Collider）。

宇宙學
Cosmology

研究宇宙生成、發展與結構，以及其運作原理的領域。自古以來，便不斷有哲學家與數學家醉心於宇宙運行的研究。而現代宇宙學則是大爆炸理論最廣為接受。

劍橋大學應用數學與理論物理學系
The Department of Applied Mathematics and Theoretical Physics, DAMTP

霍金為劍橋大學應用數學與理論物理學系的教授。

丹尼斯 · 夏瑪
Dennis Sciama

傑出的理論物理學家。1960 年代，霍金在劍橋大學展開研究之路時，便是在夏瑪的門下，在此之後，霍金不斷地為宇宙學領域做出長足的貢獻。

伊蓮 · 梅森
Elaine Mason

霍金的看照護士。1990 年，霍金為了伊蓮與妻子珍離婚，兩人在 1995 年結婚，但在 2006 年離婚。

同步傳話軟體「等化器」
Equalizer

在霍金進行氣管切開術之後，便無法再開口說話。此軟體可以協助霍金快速且準確的選字，完成讓聲音合成器代為說出的句子。

劍橋大學岡維爾與凱斯學院
Gonville and Caius

1965 年，霍金成為其中一員，也讓霍金得以在取得博士學位之後，繼續宇宙學領域的研究。

珍 · 王爾德
Jane Wilde

霍金的第一任妻子，兩人在 1965 年結婚。珍照顧霍金 25 年，兩人育有三子——羅伯特、露西與提莫西。

基普 · 索恩
Kip Thorne

美國理論物理學家，於加州理工大學任職近三十年。不論在加州理工大學任職期間或如今為已退休的榮譽教授，索恩不曾停下研究。另外，索恩更與史蒂芬 · 史匹柏共同製作科幻電影。

盧卡斯數學榮譽教授
Lucasian Professor

霍金在劍橋大學擁有這極具聲望的席位已三十年。同為盧卡斯數學榮譽教授的還包括牛頓。

圓周理論物理研究院
Perimeter Institute

此研究院位於加拿大安大略省，為致力於研究理論物理領域的研究中心。霍金獲得其所設的特聘研究教授席位。

羅傑 · 彭若斯
Roger Penrose

英國數學物理學家，也是牛津大學的榮譽數學教授。彭若斯與霍金共同研究黑洞與奇異點理論，讓我們得以更深入地了解宇宙。1994 年，彭若斯更獲頒為爵士。

氣管切開術
tracheotomy

在脖子的氣管處切開小洞，並在氣管中放入軟管的手術，可讓患者能不以口鼻呼吸。

英國皇家學院院士
Fellow of Royal Society, FRS

為科學界最高殊榮之一。霍金是獲此榮譽最年輕的院士。

辛普森家庭
The Simpsons

美國最長壽的電視動畫節目。霍金曾多次出現在此節目，為劇中的動畫霍金配音。

牛津大學
Oxford University College

霍金在此修讀自然科學，牛津大學也正是霍金父親就讀藥學系的母校。

霍金的理論

狹義相對論

站在巨人的肩膀上

霍金常常被譽為與**愛因斯坦**齊名的科學家，除了他的聰明才智能與這位偉大的德國科學家媲美，更因為霍金的理論正是建立在愛因斯坦偉大的成就——**相對論**的基礎之上。相對論分為狹義相對論與廣義相對論。1905 年，愛因斯坦發表了狹義相對論，主要討論兩個接近光速行進物體之間的相對運動。十六世紀中葉，義大利物理學家**伽利略**認為兩個相向運動物體的相對速度可以簡單以兩者速度的和表示。十九世紀後，電磁學的蓬勃發展讓物理學家開始思考也許伽利略對於相對運動的看法需要修正。對電磁學的研究也正是愛因斯坦發展相對論、最終取代伽利略相對速度論的種子。

越看越奇怪

「任何慣性坐標系中的觀察者，所觀測到的**光速**或任何以光速前進物體的速度都是相同的」，這是狹義相對論最基本的假設也是理論成立的條件。也就是說，假如你用光速旅行並試圖跑在一束光旁邊，根據伽利略的想法，你會與這束光的速度相同而相對速度為零，所以你可以一直跑在這束光的旁邊；但根據狹義相對論的假設，這束光則仍然會以光速離你而去。把這些想法**數學化**後會得到一連串的公式，以解釋快速移動物體間的相對運動。若從這些公式的結果做延伸，我們會得到一些奇怪的預測，像是「長度收縮效應」（length contraction）：快速移動物體的速度越快，長度會越短；或是更奇怪的「**時間膨脹效應**」（time dilation）：高速移動坐標系中的時間會過得比較慢，換句話說，一直持續行進的人會比靜止不動的人老得慢。

爆炸

狹義相對論最有名的預測就是質量與能量相等，即 **$E=mc^2$**。這個公式告訴我們，如果質量「m」可以完全轉換成能量「E」將產生非常巨大的能量：相當於質量（以公斤為單位）乘以光速的平方（光速為每秒行進約 300,000,000 公尺）。1930 年代，科學家發現某些反應中的原子質量會減少，就如同**愛因斯坦的公式**所述，這些消失的質量轉換成龐大的能量。愛因斯坦開啟了應用**核子能源**的大門，這樣的科技可支撐起現代都市所需的能源，同時也能在瞬間將一切摧毀。

>> 3 秒鐘摘要

許多霍金的成就建立在愛因斯坦的理論基礎上。愛因斯坦曾說：「如果跑得夠快，所有你以為正確的常識都將不復存在。」

>> 相關主題
廣義相對論
第 68 頁

「愛因斯坦是物理界中唯一能與牛頓相提並論的科學家。」

廣義相對論

重力

　　霍金大部分的研究都以愛因斯坦第二個偉大的理論為基礎，即**廣義相對論**（general theory of relativity），此為愛因斯坦早期理論的延伸。在建構狹義相對論後不久愛因斯坦就發現它並不完整，理論中並未考慮到當物體具有加速度而不只是等速移動的情況。同時他也意識到十七世紀以來主導物理世界的「**牛頓萬有引力定律**」與相對論互相衝突，牛頓的理論認為若是萬有引力正以某種速度傳遞，這個速度可以無止盡地攀升，但相對論的假設則是任何速度都不能超越光速。1915 年，愛因斯坦發表的廣義相對論解決了這個矛盾，同時解釋牛頓定律與相對論中的重力現象。

彎曲的宇宙

　　德國數學家**赫爾曼 · 閔考夫斯基**（Hermann Minkowski）用相同的數學模型表示狹義相對論的時間與空間概念，並統稱為「時空」。愛因斯坦從閔考夫斯基平坦的時空模型中獲得靈感，他發現當他把閔考夫斯基時空模型彎曲，就能自然地找到表達重力與加速度效應的方式。這可不是件容易的事，因為時空的彎曲形狀與弧度不僅會受到其中的物質與能量影響，還必須符合各種既有的物理定律。愛因斯坦花了數年不間斷地努力最終得到能滿足所有條件的**場方程式**（field equations）。

黃金時期

　　1919 年，英國的一名天文學家**亞瑟 · 愛丁頓**（Sir Arthur Eddington）率領實驗小組前往西非普林西比（Principe）的小島觀測**日全蝕**。在日全蝕發生的短短數分鐘內，月球完全掩蓋太陽的光芒，愛丁頓等人得以測量太陽附近星星的位置，證明光線會受到太陽重力的影響而彎曲。這個現象不僅證實廣義相對論的重力效應，愛丁頓更發現量測出來的數值與公式完全相符。或許因為理論背後的數學太過艱澀，因此在愛因斯坦剛提出廣義相對論時，並未受到注目。但 1960 與 70 年代突然掀起一股廣義相對論的研究風潮，開創這個**黃金時期**的先鋒之一，是逐漸受到注意的劍橋大學年輕物理學家——史蒂芬 · 霍金。

>> **3 秒鐘摘要**

愛因斯坦提出質量與能量的存在會使時空彎曲，這個開創性的想法激起一位年輕物理學家的興趣。

>> **相關主題**

黑洞
第 70 頁

"由於太陽的質量造成時空彎曲，所以雖然在四維時空中的地球行進路徑為直線，但三維的地球則是以圓形的軌道繞著太陽公轉。"

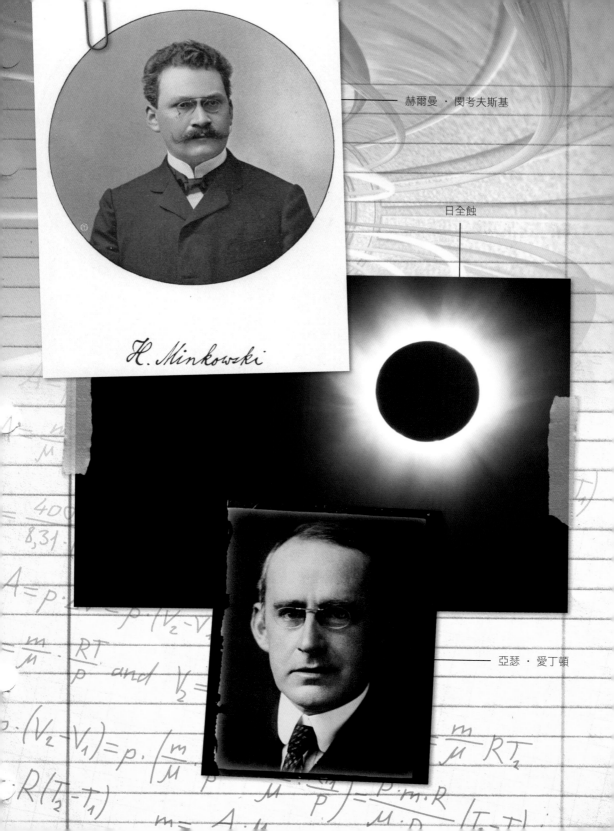

赫爾曼 · 閔考夫斯基

日全蝕

亞瑟 · 愛丁頓

H. Minkowski

黑洞

黑暗核心

在時空當中，重力強到連光都無法逃脫的地方稱為「黑洞」。十八世紀的英國哲學家**約翰 ‧ 米歇爾**（John Michell）提出黑洞存在的想法，當時他稱之為「黑暗星體」。但到了 1915 年物理學才有相關進展，德國物理學家**卡爾 ‧ 史瓦茲**（Karl Schwarzschild）發現愛因斯坦的廣義相對論預測了黑洞的存在。不過，當時並沒有引起太大的火花，直到 1940 年代才逐漸出現關於廣義相對論與黑洞的進一步研究。而「黑洞」這個名詞由普林斯頓大學的物理學家**約翰 ‧ 惠勒**（John Archibald Wheeler）在 1967 年創造。

倒楣的旅程

黑洞的表面我們稱為**「事件視界」**（event horizon），但它並非一個實體「表面」，我們可以把它想像成空間中的假想球面，當中的球心就是黑洞的核心。事件視界劃分出黑洞的內與外，任何包含在假想球面內的事物（包括電磁波）都**不可能逃脫**黑洞的重力吸引。所有掉入事件視界的物體都將面臨相同的命運——落入黑洞中心崩毀而不復存在。在霍金的課堂與書籍中，他形容假如一位太空人不幸掉入黑洞的事件視界，他將會被**義大利麵條化**（Spaghettification），幽默地解釋了太空人最終將因無法負荷強大的重力場而被撕成碎塊的可怕過程。

光滑的蛋頭

研究廣義相對論的黃金時期中，黑洞的研究越來越受到重視，其中許多重要的新發現都出自於霍金之手。非常有名的早期理論之一就是由霍金與澳洲物理學家**布蘭登 ‧ 卡特**（Brandon Carter）合作證明的黑洞「無毛」性質。這個概念由約翰 ‧ 惠勒提出，他相信黑洞能只用三個物理量來表達，分別是黑洞質量、電荷與角動量，但當時他並沒有提出證明。霍金與卡特則證明黑洞性質確實如此，黑洞**極大的重力**將這三種物理量之外的所有細節都抹滅了，光禿禿地就如沒有**頭髮**一樣。因此，當兩個黑洞擁有相同質量、電荷與角動量時，至少在古典物理的範疇內，我們無法找出這兩個黑洞之間的差異。

>> 3 秒鐘摘要

霍金試圖以新的角度解釋宇宙中最奇怪的物體，嘗試證明它們其實只是物理學中很簡單的個體（如果這些物體存在）。

>> 相關主題
奇異點
第 72 頁
霍金輻射
第 80 頁

"黑洞的事件視界就像是詩人但丁口中的地獄入口：「入門者，絕棄一切希望吧！」"

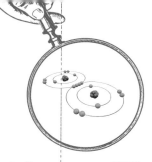

奇異點

無限的核心

　　一般相信，黑洞誕生於**重力塌縮**（gravitational collapse）的過程中。所謂重力塌縮指的是當物體的內力（如熱壓力或兩分子間的吸引力）無法抵抗自身重力所造成的強大內縮而向內爆裂，並不斷塌縮直到產生一個密度無限大的點——**奇異點**（singularity）。1970 年代早期，霍金利用廣義相對論推導出所有黑洞的中心都存在一個奇異點。但當時人們認為他的推導只是紙上談兵，因為自然界並沒有所謂「無限大」的物理量，這個概念只存在於數學模型中。當天文學家開始發現**黑洞存在的證據**後，這個矛盾的問題也變得越來越棘手。

裸奇點

　　廣義相對論認為重力塌縮最終將產生奇異點，但此觀點被當時許多物理學家視為理論中最大的弱點，甚至可能導致整個理論失敗。不過，也有些不同的聲音出現，如牛津大學的數學家**羅傑・彭若斯**相信當奇異點永遠無法被觀測到時，它本身就可以是自然界中一個完美且真實存在的物體。彭若斯的假設適用於一般的黑洞，因為既然奇異點位於黑洞中心並被事件視界屏蔽，不論光或任何其他信號都無法從事件視界中逃脫，那麼就不存在能觀測到奇異點的可能。彭若斯稱此假設為**「宇宙監察假說」**（cosmic censorship）。但這個假說很快就被霍金和其他科學家推翻，他們認為在某些情況下（至少在數學上可推導得證）黑洞周圍的事件視界會消失，只留下「裸奇點」（naked singularity）。

雷霆萬鈞之勢

　　1990 年代，霍金開始主導關於裸奇點的研究，希望了解裸奇點存在於宇宙間的運作方式，以及會對其他的物體造成什麼影響，但始終沒有太大的進展。1993 年，霍金與劍橋的同事**約翰・史都華**（John Stewart）共同發表一篇關於「**霹靂奇點**」（thunderbolt singularity）的論文。霹靂奇點是一種特殊的裸奇點，誕生當下以光速在空間中向外擴張（或者以更快的速度），擴張的過程會摧毀途經的所有物體，這些物體就如同掉入黑洞一般。霍金也認為向外擴張的霹靂奇點可能是**黑洞蒸發**（black hole evaporation）後的結果之一。

>> **3 秒鐘摘要**

黑洞將自己隱藏在一層無法透視的面紗下，當霍金將黑洞的性質數學化後，人們得以理解原來許多黑洞並不神祕，甚至可以一窺其真面目。

>> **相關主題**

奇異點理論
第 74 頁
黑洞存在的證據
第 132 頁
蒸發的黑洞
第 134 頁

"上帝憎恨裸奇點"

奇異點理論

能量極大值

霍金與牛津大學的彭若斯共同合作，希望找出自然界是否能夠存在奇異點。他們一起驗證了許多理論，一旦滿足了理論中的種種數學條件，奇異點才能產生，理論中最關鍵的就是「**捕獲曲面**」（trapped surfaces）是否存在。捕獲曲面是空間中的一塊區域，當中的物體都註定被重力吸引而塌陷至一個點。在驗證這些理論的同時，霍金與彭若斯必須先建立一些空間中能量的**假設**，於是他們設定**空間**中所能包含動能與靜能量（rest mass）的最大值。這些能量的條件也應用於其他相對論與宇宙學的眾多研究中。

自由落體的曲線

另一個時空是否存在奇異點的徵兆便是「**不完全測地線**」（incomplete geodesics）。測地線指的是當物體做自由落體運動時的時空軌跡。不論是蘋果從樹上掉落，或者是太空船繞行地球，其軌跡都會遵循測地線；如果廣義相對論對時空的解釋是正確的，則測地線的軌跡將延伸至無限遠的未來時空。但霍金與彭若斯卻發現，當測地線與奇異點交會時測地線將中止，而無法再往未來時空延伸。這個現象就是所謂的「不完全測地線」，也是奇異點是否存在的重要證據。霍金在《**時空的大尺度結構**》（*The Large Scale Structure of Spacetime, 1973*）一書中花了很多篇幅解釋奇異點理論、能量狀態與不完全測地線。

宇宙的起源

1970 年，霍金藉由測地線回溯至**時間的誕生點**，做出了最大膽的假設：「根據廣義相對論，我們的宇宙是由一個時空中的奇異點蹦發出來的。」天文學家目前透過觀測已經知道**宇宙正在膨脹**，因此我們可以回推膨脹的起點必然是一個密度無限大的點，也就是奇異點。不過問題馬上接踵而來，究竟是什麼樣強烈的作用力能克服這個奇異點的重力，讓宇宙成長成現今觀察到的模樣呢？也許我們可以把問題簡化為「**大爆炸**（Big Bang）是如何發生的？」

>> **3 秒鐘摘要**

在來回思量什麼條件能讓高密度的黑洞中心產生時，霍金也意識到，我們的宇宙一定也是從類似的狀態中產生。

>> **相關主題**

奇異點
第 72 頁

> 如果愛因斯坦的廣義相對論是正確的，那麼一定有奇異點的存在，一個密度無限大的點造成了時空的彎曲，時間自此誕生。

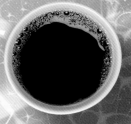

黑洞力學四大定律

熱力學與黑洞

1973 年，霍金與劍橋的同事**布蘭登 · 卡特**以及任職於加州理工大學的**詹姆斯 · 巴登**（James Bardeen）合作，共同發表了一篇對比熱力學與黑洞力學的論文，並發現兩者相似程度不可思議地高。熱力學約略在十八至十九世紀蓬勃發展，是引發工業革命最重要的核心理論，此理論解釋了熱能與動能之間的轉換。而**熱力學**定律中最重要的三個物理量為熱能、溫度與熵（entropy），我們可以把熵想像是一個系統中亂度與隨機狀態的程度。

不斷增加

熱力學第二定律告訴我們，封閉系統中的熵只會增加不會減少，這提醒了霍金黑洞一定具有熵。由於任何物體都無法逃脫黑洞強大的吸引力，假如黑洞本身不具有熵，那麼不幸掉入事件視界的物體就必須在掉入前把原有的熵先脫手，這聽起來好像**不太符合物理**原則。從熵的概念出發，霍金與卡特模仿熱力學定律，共同建構出了「**黑洞力學四大定律**」（Four Laws of Black Hole Mechanics）。在公式中，我們可以將黑洞的重力類比到熱力學的溫度，而黑洞的表面積類比為熵。的確，當**量子理論**應用在黑洞研究後，物理學家發現黑洞是個擁有溫度與熵的物體，而黑洞的溫度與熵值由其重力與表面積決定，這也讓熱力學與黑洞力學能兩相比較的想法更合理。

四大定律

黑洞力學中的**第零定律**（zeroth law of thermodynamics，有此名稱是因為雖然它提出的時間比其他三個定律來得晚，但第零定律為四大定律中最基本的條件）告訴我們，位於黑洞事件視界上的每點所受重力都相同。第一定律是**能量守恆定律**，即黑洞的總能量等於自身具備的內能（包括了自旋能量、電磁能量與質量）加上所有掉入物體的能量。第二定律則相當於熱力學的第二定律，說明黑洞事件視界的表面積只會隨時間增加，不會減少。最後，第三定律則是黑洞的表面重力永遠不會為零。

>> **3 秒鐘摘要**

藉由熱力學定律的概念，霍金與同事證明黑洞其實和一杯香醇黑咖啡的行為非常相似。

>> **相關主題**

霍金輻射
第 80 頁
黑洞資訊詭論
第 82 頁

"1970 年，我發現黑洞的事件視界會一直增加，這個現象與熱力學第二定律明顯地相似。這也是第一個讓我發現黑洞與熱力學之間關聯的暗示"

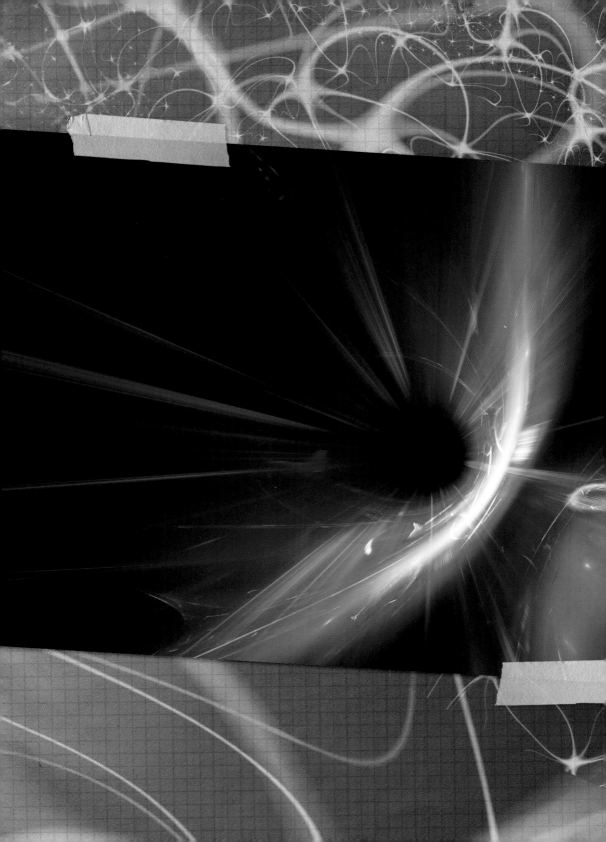

一段量子物理的插曲

那些小東西

霍金並不只以相對論為基礎，同時也大量引進另一個物理學的重要基石——**量子力學**。量子力學描述原子、物質基本粒子，以及目前人類所能想像最小尺度的行為。二十世紀初期，愛因斯坦與同事**麥克斯 · 普朗克**（Max Planck）發現光並非總是以連續波的形式存在，在很小的尺度下，光可以被想像成許多獨立粒子的集合，他們把這些粒子稱作**量子**（quanta）。此項發現後來成為量子力學的基礎，雖然愛因斯坦本人非常憎恨量子力學。

上帝擲骰子

量子力學在二十世紀初蓬勃發展，法國物理學家**路易 · 德布羅意**（Louis de Broglie）發現，如果把愛因斯坦與普朗克的發現反向操作仍可成立，在極小的尺度下，波可視為粒子，粒子也同樣具有波的行為，此稱「波粒二象性」。奧地利科學家**歐文 · 薛丁格**（Erwin Schrodinger）將此現象定量成著名的薛丁格波動方程式，描述粒子的波動狀態。但薛丁格波動方程式只能求得粒子出現在某位置的機率，因此粒子能同時分身於不同位置，只是機率各異而已。這聽起來非常奇怪，連薛丁格也對此結果疑惑，並試著用「薛丁格的貓」假想實驗說明這奇異狀態。德國物理學家**維爾納 · 海森堡**（Werner Heisenberg）此時也提出另一個量子理論的重要概念，他認為不可能完整了解量子的所有性質，因為當我們試圖量測某一個物理量時，其他物理量的準確度將會受其影響而降低，這也是赫赫有名的「測不準原理」。

量子場論

1927 年，英國物理學家保羅 · 狄拉克（Paul Dirac，霍金指導教授希阿瑪的導師）將相對論應用到薛丁格波動方程式，誕生一系列新的量子理論，描述接近光速運動的次原子粒子行為。狄拉克的方程式引來一連串令人振奮的發現，如反物質與量子自旋（quantum spin）。這也讓物理學家第一次成功以量子理論解釋粒子與電磁場的交互作用。1940 年代，包括理查 · 費曼（Richard P. Feynman）在內的許多物理學家都嘗試延伸狄拉克的方程式，以建構完整的場論（field theory）描述物質與輻射的互動。而「量子場論」不僅是近代次原子物理學的重心，也是霍金許多理論的基礎。

>> 3 秒鐘摘要

相對論成功地描述大尺度的宇宙，另一方面，量子理論主宰了最小尺度的世界，霍金成為同時精通兩者的專家。

>> 相關主題

霍金輻射
第 80 頁
通往量子重力學的路
第 142 頁
量子資訊理論
第 144 頁

> 當我一聽說薛丁格的貓時，想要馬上拿起槍來實驗看看。

牛津

4940

普朗克

霍金輻射

在彎曲的時空中

霍金最知名的成就之一就是利用數學證明了「**黑洞其實沒那麼黑**」。黑洞之所以稱做黑洞，是因光線無法從黑洞的強烈重力中脫身。但在 1973 年，霍金利用量子理論證明了黑洞事實上會穩定地發出熱輻射，這項證明同時也是量子重力論的第一個重大成果（量子重力論希望找出是否真有一個終極理論，能一統愛因斯坦的廣義相對論與那詭異又**朦朧的量子世界**）。霍金並沒有完整採用量子力學（此理論仍困擾著眾多頂尖的物理學家）對重力場的描述，而是在使用近似量子力學理論的狀態下，讓傳統的量子場論能符合相對論中**彎曲時空**的概念。

虛粒子

霍金輻射是基於真空中存在著許多虛粒子（virtual particles）的概念之上。根據測不準原理，這些成對的次原子粒子（虛粒子）會不斷地生成並湮滅。這個量子的**不準確性**，允許大自然能夠「借」能量來產生粒子，並在很短的時間後「歸還」這些能量，而粒子隨即再次結合並湮滅；借的能量越多，還款期限也就越短。霍金認為，沒有任何理由這種現象不能發生在靠近**黑洞的事件視界**處，他更進一步假設在某些情況下，黑洞強烈的重力會導致這成對的雙胞胎粒子分開，因此在它們成對湮滅前，其中一顆粒子會因受重力吸引而永遠消失在事件視界之內，另一顆找不到伙伴的粒子便被以熱輻射的型態發射而遠離黑洞。

黑洞蒸發

上述虛粒子中的兩粒子具有大小相等但正負相反的能量，在**霍金輻射**發生後，帶有正能量的粒子會被輻射出而遠離黑洞，帶有負能量的粒子則會被黑洞吞噬，並因此降低了黑洞質量（因為愛因斯坦的方程式說質量等於能量）。這個黑洞質量降低的效應稱為**黑洞蒸發**（black hole evaporation）。對一般傳統的黑洞而言，透過黑洞蒸發減少的質量只是九牛一毛，一個質量與太陽相等的黑洞，需要 10^{67}（也就是 1 後面跟著 67 個 0）年的時間才會完全蒸發，以宇宙的年齡 10^{10} 年看來，想要蒸發一個傳統黑洞是很困難的事。不過，黑洞的蒸發速率會隨著質量減少而加快，因此，說不定一個小到接近量子尺寸的黑洞，正在我們所處的時空中蒸發消逝著。

>> 3 秒鐘摘要

拿出一個黑洞，放入量子物理，再攪一攪，看看那些黑洞輻射出的粒子——這是一個完全與廣義相對論相反的世界。

>> 相關主題

黑洞
第 70 頁
一段量子物理的插曲
第 78 頁

> 當我邊思考著黑洞的問題，我發現上帝可能不只丟骰子，有時候祂還把骰子丟到沒人看得見的地方。

黑洞資訊詭論

什麼是資訊？

在數學中，資訊指的是把資料量化的一種方式。1940 年代，美國數學家**克勞德 · 夏農**（Claude Shannon）發表了奠定現代資訊理論基礎的論文。為了量化資料，克勞德定義出最小的基本單位，也就是所謂的**二進制位元**（binary digits，或稱 bit），每個位元只能是 0 或 1。位元組（byte）是由 8 個位元組成的一連串二進制數字，可以表示並儲存 0 到 255 的各個數字。電腦硬碟的容量就是以位元組計算，或是我們今日比較常見的容量單位 GB（十億個位元組）。克勞德同時說明資訊如何也帶有「熵」，而資訊中的熵便是**資訊的不確定性**。

黑洞是個大食怪？

每一個物體都帶有可以量化自身性質的資訊，這些性質包括形狀、大小、顏色與質量。1970 年代，霍金開始思考如果物體掉入**黑洞**，這些量化性質的資訊會去哪裡呢？既然沒有任何東西可以逃離黑洞，這些資訊就必須留在黑洞內，但根據黑洞的**無毛理論**，黑洞只能包含非常低的資訊量，這兩者似乎有很大的矛盾。霍金找到解決矛盾的唯一方法就是讓掉入黑洞的資訊毀滅，不過如此一來又違背了其他物理定律。所謂的**黑洞資訊詭論**指的便是這些種種矛盾所造成的窘境，引發相當熱烈的討論，霍金一派的學者認為資訊應該會被毀滅，但另外一派量子物理學家傾向資訊會保存下來。

仍然存在的謬論

1990 年代，這個詭論的部分輪廓逐漸清晰。**李奧納德 · 色斯金**（Leonard Susskind）與**特霍夫特**（Gerard't Hooft）將全像原理（holographic principle）公式化，證明掉入黑洞的資訊會黏在黑洞的表面。他們的理論是來自觀察黑洞所具有的熵（還有熵的資訊），他們發現黑洞能擁有多少熵與黑洞的體積並不成正比，而是與事件視界的表面積相關。2004 年，霍金改變了心意，他開始認為掉入黑洞的資訊或許並沒有完全摧毀，為了支持這個新的想法，他證明了事件視界會波動並允許黑洞內的資訊緩慢流出。直到現在，**黑洞資訊詭論**仍然懸而未解，某些物理學家支持霍金的理論，並試圖以此為基礎繼續發展新物理，但也有物理學家不同意霍金的觀點，仍然試著找出更好的理論。

>> 3 秒鐘摘要

在黑洞裡面，物質會崩毀、輻射會被困住，但是掉入的資訊又會如何呢？直到現在這個世紀審判尚未得到結論。

>> 相關主題

黑洞
第 70 頁
黑洞力學四大定律
第 76 頁

> 很抱歉，我必須要讓科幻小說迷失望了，假如掉入黑洞的資訊會被保存，那就不透過黑洞旅行至其他宇宙的可能性。

宇宙學

宇宙大師

　　如今，霍金的名字幾乎與**宇宙學**畫上等號。在這個領域鑽研的專家們試圖用數學模型解釋宇宙的誕生與演化，甚至想要預測宇宙的最終命運。在這眾多的理論當中，大爆炸是目前最廣為接受的理論，並通過了一次又一次太空觀測的檢驗。美國天文學家**哈伯**（Edwin Hubble）在 1920 年發現，那些與地球相距十分遙遠的星系正以飛快的速度遠離我們，而且飛離的速度與距離成正比。這項發現暗示宇宙正在擴張（我們可以把空間想像成是膨脹中的氣球表面）。科學家在接下來數十年的奮力不懈下，成功地用廣義相對論建立了能描述**擴張中宇宙**的模型。

影響宇宙的三個要素

　　傅里德曼・羅伯森・華克模型（Friedman-Robertson-Walker，FRW）以三位建立此模型的科學家為名。其實這應該是三個模型，因為根據曲率（curvature）參數的不同選擇，分別對應了 -1、0、1 三種曲率值。根據廣義相對論，曲率值是由宇宙包含的物質多寡所決定，曲率為 0 的宇宙稱為「**平坦宇宙**」，在此狀況空間中所有物質質量所產生的重力，會剛好讓宇宙擴張終止於非常遠的未來，並停留在平坦的時空狀態。假如曲率值為 1，就會產生「**封閉宇宙**」，在這個狀況下宇宙具有足夠強烈的重力，不只會讓擴張停止，還會導致宇宙重新塌縮至奇異點，這個過程也稱做「大崩墜」（Big Crunch），就像是大爆炸的逆反應。「**開放宇宙**」則恰好與封閉宇宙相反，其曲率值為 -1，宇宙將會永遠不停止地擴張。

大爆炸的證據

　　在兩項決定性的觀察結果出現之後，大爆炸理論便站穩了地位。根據理論預測，宇宙膨脹的效應會稀釋 **137 億年前大爆炸**所造成的高熱，留下一個微弱的微波背景彌漫在整個空間中，一般稱為**宇宙微波背景輻射**（Cosmic Microwave Background，CMB），1964 年背景輻射第一次被實驗偵測到。另一項證據來自於對**太初宇宙雲**（primordial cosmic clouds）的研究，大爆炸後的高熱會融合基本的次原子粒子，從中誕生許多我們熟知的化學元素，像是氫、氦以及一些其他較重的元素，研究顯示這些元素被生成的比例完全與大爆炸理論的預測相符。

>> **3 秒鐘摘要**

許多霍金的研究都與大爆炸理論相關，而觀測證據也確實顯示，我們的宇宙誕生於 137 億年前一次巨大能量的爆炸。

>> **相關主題**
暴脹
第 86 頁
量子宇宙學
第 88 頁
從上而下的宇宙學
第 90 頁

“宇宙並不如我們想像中的簡單。許多人因證明了這點而獲獎”

暴脹

宇宙學的難題

　　雖然大爆炸理論看似成功，其背後卻仍有許多難解的習題。舉例來說，為何在地球相對兩端所看到的夜空非常相似？事實上這兩片夜空不應該有任何直接接觸，這就是所謂的**視界問題**（horizon problem）。另一個例子是**平坦性問題**（flatness problem），根據觀測所得到的數據，宇宙的曲率幾乎是零，但在數學上這樣的狀態是不穩定的，為什麼我們的宇宙這麼平坦呢？

葡萄柚？

　　霍金提倡一個暴脹（inflation）的理論可以完美地解決這些難題。1980 年，暴脹理論首次被麻省理工學院的物理學家阿蘭・古斯（Alan Guth）提出，後來由史丹佛大學的安德烈・林德（Andrei Linde）接手發展。這個理論指出，在大爆炸的第一個瞬間（精確來說是第 10^{-32} 秒內），宇宙經歷一個極度快速的膨脹，空間的尺寸突然增加到**原本的 10^{80} 倍**。由於暴脹開始時宇宙非常小（記得嗎？大爆炸才剛剛發生而已），即便是這麼驚人的倍增數字，暴脹過後的宇宙也不過是一顆葡萄柚的大小。但這個想法已經能充分解決視界問題了。暴脹理論認為在宇宙剛剛誕生時，相反方向的空間在最初彼此間也有訊息互通，直到暴脹發生，才把兩個相反方向的空間以**超光速**的速度分開。平坦性問題也可以透過暴脹理論解決，想像自己坐在一個快速膨脹的球上，當你身下的這顆球變得越來越大，表面也感覺越來越接近平面；想像海灘球與地球的差別，我們很容易觀察到海灘球表面的圓弧曲線，但是對人類來說，地球的表面卻幾乎是平坦的。

微小的起點

　　暴脹理論甚至可以解釋我們的宇宙如何形成星系。星系就像是我們所處的銀河系，是一種巨大的宇宙島，能容納數千億的星星。**根據量子不準確性**，早期宇宙中的虛粒子會不斷地成對產生，一個虛粒子對的產生會使空間中兩個點造成密度的干擾。在一般的狀況底下，受干擾的這兩點間的距離只會停留在量子尺度，但在暴脹過程當中，極小的距離也會像充氣般迅速被增加到天文物體的尺度。隨後由於大爆炸現象慢慢平息，**宇宙逐漸冷卻**，物質開始受重力吸引而聚集，形成了密集的核心，最後演化成為**星系**。

* 譯註：2014 年南極的 BICEP2 團隊發現暴脹的直接證據。

>> **3 秒鐘摘要**

大爆炸理論衍生出許多難解的問題，因而衍生出另一項在大爆炸發生那一瞬間的暴脹理論。

>> **相關主題**

量子宇宙學
第 88 頁
從上而下的宇宙學
第 90 頁
宇宙的誕生
第 138 頁

> 宇宙從一點膨脹，它借來生物質，正如經濟致借走暴脹。過程中場產生物質，正如經濟致借走暴脹（與暴脹的英文相同）。

量子宇宙學

宇宙爆發走向暴脹？

　　宇宙暴脹無法解決**大爆炸**理論中所有未解的難題，至少我們還有一個問題擺脫不掉。根據黑洞理論，任何東西一旦掉入其中，便無法逃離黑洞的掌控，但大爆炸理論卻宣稱整個宇宙的起點是一個奇異點，這怎麼可能呢？霍金認為解答這個謎團的重點就在**量子理論**，量子理論對廣義相對論做出的修正將會告訴我們，奇異點如何變得足夠脆弱，而我們的宇宙因此從中誕生。

宇宙無邊界論

　　霍金開始著手創建一個能夠用來描述早期宇宙時空幾何的**量子波函數**（quantum wave equation）。在一般的狀況下，量子波函數需要兩組邊界條件，初始與最終狀態。假如我們把所有可能的系統從初始狀態累加至最終狀態，就可以得到量子態出現在最終狀態的機率；但問題來了，沒有人知道宇宙的初始狀態是什麼。霍金與聖塔巴巴拉大學的宇宙學家，**詹姆斯 · 哈特爾**（James Hartle）合作，他們得到了一個相當創新的解法，可以不需要知道初始狀態是什麼，一般稱之為**宇宙無邊界論**（no-boundary proposal）。這個方式讓宇宙能從完全的虛無中誕生，然後演化到暴脹得以展開的狀態。在這個理論之下，我們不需要再問大爆炸之前是什麼，就像沒有人會問北極的北邊還有什麼。

開放的宇宙

　　這個**哈特爾 · 霍金概念**只能應用在封閉的宇宙中（也就是曲率為正值的宇宙），讓我們將一個二維的封閉宇宙想像成球面，隨著宇宙膨脹，球面的面積也會逐漸增加，宇宙無邊界論使封閉宇宙能夠從一個大小為零的點平緩地生成，如同球面逐漸被膨脹一般。不過，最新的天文觀測顯示**宇宙並非封閉**，比較可能的狀態是平坦或者開放（也就是曲率為零或負值）。因此，霍金與他在劍橋的同事尼爾 · 圖洛克重新檢視了這個理論，並重新提出**霍金 · 圖洛克模型**。讓我們回到剛剛提到的那個如同二維球面的宇宙，把霍金 · 圖洛克模型直接剪掉另一半球面，讓它如撐起的雨傘一樣向外擴張，這便是一個開放的宇宙，並且符合所有暴脹發生的條件。

>> 3 秒鐘摘要

在花費了很多時間研究大爆炸的奇異點之後，霍金利用量子理論證明了根本沒有奇異點的存在——宇宙從完全的虛無中誕生。

>> 相關主題

暴脹
第 86 頁
量子重力論
第 92 頁
宇宙的誕生
第 138 頁

> "量子重力理論打開了一個全新的視野，時空中再也不存在邊界，也不需要去描述邊界的行為是什麼"

從上而下的宇宙學

由上往下

傳統的宇宙學家與所有其他門派的理論物理學家一樣，他們會找出許多數學模型（通常是很多公式的集合），給定一個起始狀態，然後利用這些公式來預測時空中未來某個點的狀態，霍金稱這種方式為「**由下往上**」的宇宙學。從 2006 年開始，由於先後與**湯瑪士‧赫爾托赫**（Thomas Hertog）以及瑞士的歐洲核子研究組織合作（CERN），霍金對於宇宙學的研究有了全新的思維，他們將此新的方式定義為「**由上往下**」的宇宙學。這個新方法最重要的改變就是，宇宙學的研究不再總是從起始狀態開始往後延伸，反之，他們從最終的狀態（也就是我們當下可見的宇宙）開始思考，然後試著把時間往前推，找出宇宙過去應該是什麼模樣。

量子靈感

霍金與赫爾托赫的靈感來自於霍金早期關於量子宇宙學的研究，尤其是**宇宙無邊界論**給了他們諸多啟發，事實上霍金認為「從上而下的宇宙學」便是宇宙無邊界論自然的延伸。雖然對某些重要的物理問題而言，這個由上往下的新思維並沒有太大的幫助，它無法嚴謹地提供這些問題可能的答案，像是宇宙到底有多少維度，或者什麼才是能夠用來描述粒子物理的最佳理論。不過！它卻讓我們延伸出許多線索來猜測宇宙一路演化至今的**歷史過程**。霍金是這麼說的，我們可以從這些歷史中擷取重要的片段，更精確地說，擷取那些**天文觀測**的部分，然後計算宇宙以某種方式形成的可能性。

人擇的宇宙

從上而下的宇宙學與另一個令人玩味的想法互相呼應，即**人本原理**（anthropic principle），兩者都試圖挑戰「因」與「果」之間看似理所當然的順序。人本原理認為我們所生存的宇宙，其物理定理以及所有具備的條件，能允許生命存在並且演化成現在的模樣是非常自然的，否則人類便不會存在，也無法探索關於宇宙的問題。換句話說，如果宇宙不是我們現在眼中的模樣，我們也就不會在這兒了。霍金注意到了兩個理論間的相似，不過他很堅持他的版本應該要稱做**選擇原理**（selection principle），而不能稱人本原理，因為他的理論並沒有把重點擺在關於生命起源的探討，更與那些與生命起源相關的宗教辯論毫不相關。

>> 3 秒鐘摘要

霍金了解到，他必須捨棄傳統的思維，試圖從當下開始往從前思考，這樣的新邏輯才是能夠了解宇宙發展的唯一方法。

>> 相關主題
宇宙學
第 84 頁
量子宇宙學
第 88 頁

> 從下而上的思考邏輯，必須立基於我們已經知道在有限或無限歷史中宇宙是如何生成的。但很不巧我們並沒有這樣的知識，所以比較適合從上而下來了解宇宙。

太陽系

銀河星系

大爆炸

量子重力論

愛因斯坦偉大理論中的漏洞

相對論與量子理論兩者始終無法相容，這個大難題已經困擾了理論物理學家幾十年。直觀看來，兩者互不相容似乎很正常，畢竟相對論是一個**重力理論**，著眼在尺度非常大的物理（像是整個宇宙）；相較之下，量子理論主宰的則是極小尺度、**次原子粒子**的物理世界。不過，回過頭追蹤宇宙的歷史一路走回大爆炸的那個時間點，當時的宇宙只是很微小的一個起點，小到必須滿足量子物理，但同時也不能違背重力理論。到目前為止，所有試圖結合兩者的理論都失敗了，留下來的是一個數學式中的**發散項**，讓某些物理量（例如粒子的質量）發散到無窮大。

歐氏量子重力

1970 年代，量子重力的研究成為顯學，霍金也投入大量精力在這個主題上。在與一位曾是劍橋自己門下的學生及現任同事**蓋瑞・吉彭斯**（Gary Gibbons）合作下，他們為量子重力發展出一種新的詮釋，也就是所謂的「**歐氏量子重力**」（Euclidean quantum gravity）。在相對論中，時間與空間被清楚地劃分為不同的物理量，不過霍金與吉彭斯發現，如果能透過數學轉換，將時間視為三維空間以外的另一個維度，相對論的公式會被大量簡化。在這樣的架構下，時空可以被看成一個簡單的四維空間，因此，希臘數學家**歐幾里得**所提出的傳統簡單幾何就能夠派上用場。有效的數學解一旦產生，時間就可以輕易地轉換回去。這種時空的數學轉換方法也讓霍金與吉彭斯對**黑洞熱力學**有更深入的了解。

弦與物體

霍金是**弦論**（string theory）及其延伸的 M 理論（M-theory）的堅定擁護者。弦論的基礎為將量子重力中的發散項視為零維度的**量子粒子**，這個理論試圖把「粒子」轉成一維的線狀「能量弦」，希望藉此修正量子重力論中有發散項的缺陷。目前發展出很多種弦論的模型，把其中某些模型集合起來，就成為一個全新且涵蓋多種弦論的 **M 理論**。2010 年，霍金的科普著作《大設計》中也提出了一種 M 理論。不過，直到今日，物理學家仍然無法提出完整的數學模型來解釋這套 M 理論。

>> **3 秒鐘摘要**

小尺度的物理由量子理論掌控，大尺度的世界則交給相對論，兩者是否永遠都無法有交集？不！至少霍金不這樣覺得，只要他的理論能夠被證明是正確的，我們就能替量子理論與相對論牽上線。

>> **相關主題**

一段量子物理的插曲
第 78 頁
量子宇宙學
第 88 頁
通往量子重力學的路
第 142 頁

> 如果早期宇宙的重力場比現在的強很多，那麼就代表量子重力學有理且十分重要了。

牛頓爵士

了解上帝的心思

統一一切的理論

還有一個問題與**量子重力論**的發展息息相關，就是物理學家積極尋找的**萬有理論**（Theory of Everything）。目前我們已知的自然界基本作用力共有四種，除了一般人熟悉的重力與電磁力之外，還有兩個量子作用力會在原子核內運作一強力與弱力。1970 年代，物理學家成功地整合了電磁力與弱力，並創建**電弱理論**（electroweak theory），這個理論誕生後預測了某些粒子的存在，並成功地在加速器實驗中驗證。所謂的萬有理論必須能統一這四種自然力，讓一切從相同的源頭誕生。霍金在《時間簡史》一書中表明立場，他認為要找出一個能夠解釋一切的萬有理論是非常困難的，這樣的理論也很有可能並不存在，他還在書中最後一章提到，當我們找出解釋一切的正確理論時，也許就能**了解上帝的心思**。

愛因斯坦的追尋

偉大的**愛因斯坦**花了半輩子追尋萬有理論，最終仍是毫無斬獲，或許我們可以說是因為兩塊大石頭阻擋了他的追尋之路，其一是當時已知的自然作用力僅有重力與電磁力，雖然愛因斯坦的相對論對重力有突破性的了解，但那時的他仍不知強力與弱力的存在。另外一個阻礙來自於愛因斯坦對量子理論的抗拒，所以他試著在純粹的**古典物理**中尋找萬有理論。以現代的眼光看來，這是非常錯誤的選擇。愛因斯坦逝世時，床邊還擺著一段關於**統一場論**未完成的計算，由此我們可一窺愛因斯坦對於萬有理論的熱情。不同於愛因斯坦，霍金很小心地不讓自己也陷入對於萬有理論的執著，他明智地對兩方保持中立的看法。

不完備性

事實上，後來霍金完全摒棄了尋找統一場理論的念頭，他的想法來自澳洲數學家哥德爾（Kurt Godel）於 1931 年所提出的抽象概念，**不完備定理**（Incompleteness Theorem）。這個理論認為，任何數學系統中都存在某些事實，這些事實雖然存在，但無法被此系統證明，換句話說，這樣的數學系統具有不完備性。包括霍金在內的部分物理學家從不完備定理中了解到，既然我們以宇宙中的物理定律描述宇宙，根據哥德爾的邏輯，這些描述宇宙的定律就應當擁有不完備性。

>> 3 秒鐘摘要

為了追求能統一一切的萬有理論，愛因斯坦以及之後的許多物理學家都耗費了無數的時間與心思，或許霍金是更加聰慧的，所以他放棄了追求「了解一切」的渴望。

>> 相關主題
一段量子物理的插曲
第 78 頁

> 的論限律許因常曾的
> 極理有定或人非我望理論在我的不同
> 終場被理述，人到我希場存在我已經
> 要是一法物描述有些感望。也一夠現在已
> 統無的描有此失經統能但想法同了。

$e = mc^2$

時間的真理

什麼是時間？

　　二十世紀以前，時間與空間在物理上似乎南轅北轍各不相干，但是愛因斯坦的狹義相對論改變了一切，他將時間看做是空間的**第四個維度**，只是時間與空間在被引入相對論公式時，兩者有顯著的差異。古希臘數學家**畢達哥拉斯**（Pythagoras），其著名的畢氏定理告訴我們，空間中兩點距離的平方，會等同於此兩點在各自維度上距離平方的和（$a^2=b^2+c^2$）。在狹義相對論中，時空中兩點的距離也可以使用類似的公式計算，把各空間維度的距離平方相加之後，再減掉時間項所造成的影響（這就是時間與空間的差異性，在公式當中我們不是加入時間項，而是減去）。因此，我們可以從**相對論**中產生一些對「時間」這個物理量的預測，它會在高速運行的時候被延展，或者永遠停留在黑洞的事件視界內。

三種不同的時間

　　霍金進一步描繪出三種非常不同的時間類別，第一種稱做「**心理時間**」，當我們開心時時間似乎過得特別快，反之，難過的時候又覺得時間過得特別慢。另外一種是「**熱力學時間**」，來自於熱力學第二定律的定義，它規定了時間的「熵」也必須隨著時間流逝而增加，換句話說，如果我們可以量測出時空中熵增加的方向，也就可以得知時間流逝的方向。最後一種是「**宇宙時間**」，透過這種時間我們可以得知，隨著時間增加，宇宙膨脹的方向為何。

時間之矢

　　霍金意識到，熱力學時間以及宇宙時間事實上呼應了一個很有趣的問題，**封閉宇宙模型**（也就是正值的曲率）會膨脹到極大值然後收縮，在這樣的宇宙中，宇宙時間最終會往回走。當時的霍金相信，在宇宙時間往回走的同時，熱力學時間也會倒轉，造成時間的**熵逐漸減少**，而人類將會回到過去，並且生活在曾經走過的時間當中。霍金對此深信不疑，甚至把這件事視為重要的任務，交給他的學生**雷蒙 · 拉夫雷姆**（Raymond Laflamme）證明。不過，拉夫雷姆所得到的結果卻恰恰與霍金的期待相反，這對個性固執的霍金而言是件很難接受的事，他著實花了許久的時間才能相信拉夫雷姆的結果。

>> **3 秒鐘摘要**

格魯喬 · 馬克思曾説：「Time flies like an arrow, fruit flies like a banana.」。霍金對於「時間真理」的反思及追求與實際上大部分的證明結果並不一致。

>> **相關主題**

狹義相對論
第 66 頁
時序保護臆測
第 98 頁

許多人不喜歡碰觸時間也有起始點的想法，或許是因為這讓他們感覺冒犯了神。

時序保護臆測

時光旅行

　　霍金做了一個想像，假設物理定理允許我們在時光中旅行，那麼，因為時光旅行形成的**矛盾**該怎麼解決？舉例來說，你可以回到過去在祖母生下母親之前殺害她嗎？如果祖母被殺害，你將不再存在（因為母親不會誕生），因此你也無法回到過去殺害祖母，祖母也就存活下來了！於是你在未來誕生……。另一個例子是，如果**時空旅人**回到過去，把莎士比亞全集交給年輕的**莎士比亞**，那麼，啟發他創作莎士比亞全集的靈感到底是從何而來？

彎曲的時間

　　為了清楚表示他的不認同，霍金加入了一條新的物理定律來**阻止時空旅行**發生。這條定律稱做「時序保護臆測」（chronology protection conjecture），完全基於霍金個人的直覺，並沒有任何數學證明能支持這條定律。事實上，在相對論與量子物理中不存在任何一條規則能阻止時空旅行的發生，許多假想的時光機都是建立在相對論的理論基礎之上，透過時空中的「**封閉類時曲線**」（closed timelike curve）讓時光旅行成真，其中「類時」是因為旅行者在時間軸上會走得比在空間軸上更遠，「封閉」代表旅行者的時間會倒流，最終回到原點。霍金相信，相對論中會出現「封閉類時曲線」，正說明了這個理論尚未完備，因此，「時序保護」將會很自然地能夠從**量子重力論**浮現。

無人生還的旅程

　　或許霍金還沒有很完整的數學證明能支持「時序保護臆測」，不過他抓住了物理上很有利的立足點。根據量子物理的隨機理論，空間中充滿了虛粒子，不斷成對產生又很快地消滅，於是霍金提出了一個問題，要是虛粒子產生在**時光機**裡面會發生什麼事？他的結論是，這些虛粒子會透過時光機被一次又一次循環生成，每一次都會讓虛粒子的密度與大小增加，根據霍金的說法，這些虛粒子反覆循環後將生成極大的**濃縮能量**，最終會毀滅時光機以及所有試圖透過時光機旅行的物體。

>> 3 秒鐘摘要

為了保存世界的歷史不受時光旅行干擾，避免威爾斯（Herbert George Wells）筆下或者影集《超時空博士》（Doctor Who）描述的故事成真，霍金選擇讓他的直覺凌駕在數學之上。

>> 相關主題
一段量子物理的插曲
第 78 頁
時間的真理
第 96 頁
時光旅行
第 146 頁

> 如果時光旅行可行，我們應該早就被來自未來的旅行者淹沒了

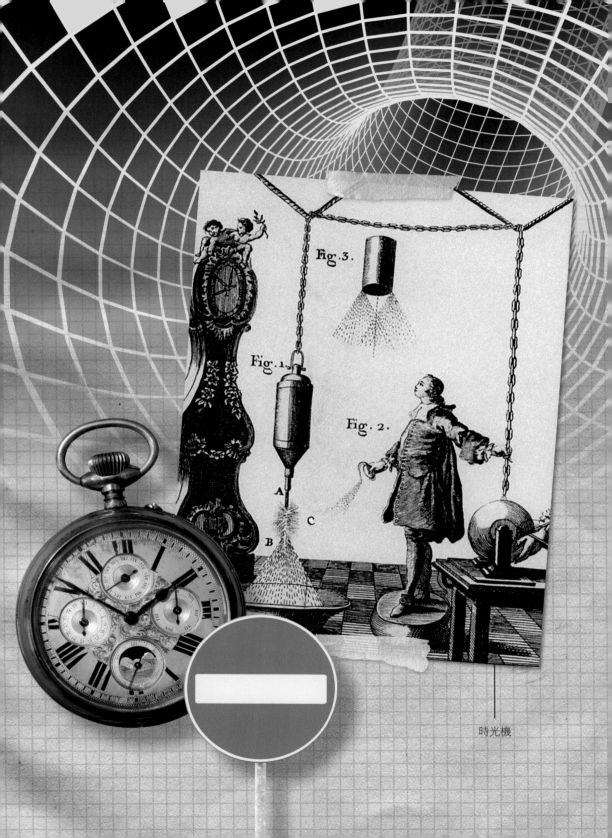

Fig.3.

Fig.1.

Fig.2.

A

C

B

時光機

外星生命

生命無所不在

霍金相信外星生命在我們的宇宙中非常普遍，2008 年於**喬治華盛頓大學**舉辦的慶祝 **NASA** 五十週年紀念會，霍金在演講當中提出他的論點，既然有機生命體能以如此短的時間在地球蓬勃發展，那麼外星生命在其他銀河系行星上發展的可能性相對來說並不低。粗略估計銀河系約有三兆顆恆星，這些恆星分別被或多或少的行星圍繞，如果把範圍擴大到整個宇宙，那麼約略有一兆個星系等著我們去探索可能存有的**外星生命**。

低等生命霸占了宇宙

雖然霍金肯定外星生命的存在，但他同時也認為大多數的外星生命都只以**極原始的型態**存在。如果以地球為例，人類是地球上數百萬生命體中唯一的「高等」生物（高等指的是能夠使用以及發展科技），事實上，半數以上的地球生命體只是**由細菌**組成。依此比例，霍金相信智慧生物在宇宙中只是極少數的特例。根據他的推測，宇宙之所以不利於智慧生物**演化**，是因為一旦發展出高等智慧，許多原有的生存優勢就必須犧牲，導致智慧生物在演化過程中不易存活。另一個可能的推測是，一旦生命體發展出**高度科技**，如同現今地球面對的難題，武器與汙染也隨之而來，因此很可能導致智慧生物毀滅。

我們帶著和平前來

我們不應該假設人類是宇宙中唯一的智慧生命體，霍金更認為當我們試圖送出訊息與外星人搭上線時必須**極度小心**，因為沒有任何人能夠保證外星球的智慧生物會是友善的。如果霍金的想法正確，人類送出的訊息就像是被獨自丟在叢林的嬰兒啼哭聲，很可能招來飢渴且**不懷好意的敵人**。畢竟這些能接收到人類訊息的外星生物必然有著遠比人類更進步的科學與科技，才能穿越空間的限制與地球接觸，因此，我們可以合理假設他們也擁有制伏與統制地球的能力。霍金便用歷史事件來比喻地球的處境，地球就像是 1492 年被哥倫布「**發現**」的美洲大陸，人類就像上面的印地安人，而外星生物就如同隨之前來的歐洲人。我們要做好最壞的打算，當我們與外星生命搭上線的那一天來到，地球可能面臨比印地安人更慘烈的待遇。

>> 3 秒鐘摘要

霍金相信外星生命絕對存在，大多數以無害的細菌型態存在，不過也可能有少數的高等智慧生物，他們不僅擁有像光子槍這樣超越人類科技的產物，同時也對地球不懷好意。

>> 相關主題
時間空間
第 140 頁

> 原始的生命在宇宙中非常普遍，反之，智慧生物卻十分稀少。有些人甚至認為人類地球上的人演化還未真正成為智慧生物。

科學賭注

尼爾 · 圖洛克

霍金是位**喜歡開賭**的科學家,曾與許多同事訂下非常多的**科學賭注**。2002 年,霍金與當時在劍橋的同事尼爾 · 圖洛克打賭,霍金認為如果宇宙學家能發現重力波存在,那麼不久後**暴脹理論**也應該能被證實為真。重力波就像是時空中的漣漪,支持暴脹理論的科學家相信這些漣漪是大爆炸後留下的痕跡,讓我們能一窺早期宇宙的樣貌。圖洛克與霍金的論點恰恰相反,在他的「**火劫宇宙**」(ekpyrotic universe)學說中否定暴脹的存在。雖然賭注還未拍板定案,但圖洛克表示不論賭注為何,他已經準備好贏走獎金了。

釋註:南極的「BICEP2」望遠鏡實驗於 2014 年發現重力波暴脹所留下的直接證據。

約翰 · 普瑞斯基爾

1977 年,霍金聯合當時在加州理工的同事基普 · 索恩(Kip Thorne),與加州理工的物理學家約翰 · 普瑞斯基爾(John Preskill)針對「**黑洞資訊詭論**」對賭。霍金及索恩主張,黑洞中透過霍金輻射發出的訊息是「**全新製造**」的,不可能源自於黑洞本身,因為他們相信所有掉入黑洞的訊息都會被摧毀;普瑞斯基爾則反駁了他們的說法。2004 年,霍金透過量子力學證明黑洞確實會洩漏訊息。隨後非常乾脆地承認自己**賭輸了**,並根據約定送給普瑞斯基爾一本《**棒球百科全書**》(*Total Baseball : The Ultimate Baseball Encyclopedia*)。普瑞斯基爾解釋:「這本書就好比是龐大的黑洞,但可以自由讀取當中的資訊。」不過,目前索恩仍舊堅持自己的立場,並沒有向普瑞斯基爾認輸。

基普 · 索恩

霍金跟很多科學家打過賭,1975 年,他與基普 · 索恩針對「天鵝座 X-1」所設下的賭局應該就是**最知名的一場對賭**。**天鵝座 X-1** 是位於天鵝座的 X 射線源,其發射出的 X 射線在 1964 年首次被偵測到,天文物理學家懷疑天鵝座 X-1 很可能就是一個黑洞,發散的 X 射線很可能是氣體掉入黑洞被壓縮加熱後,產生的向外輻射線。霍金與基普 · 索恩打賭天鵝座 X-1 並不是一個黑洞,霍金表示,萬一結果證實**黑洞並不存在**,他一生的心血也將付諸流水,不過至少能贏得這場賭注聊表安慰。1990 年,霍金很開心地宣布自己賭輸了,並如約奉上賭注:《**閣樓**》(*Penthouse*)雜誌。

>> 3 秒鐘摘要

這位偉大的物理學家非常熱中與人打賭,但從歷史紀錄看來似乎是輸多贏少,霍金是否有計算過自己的勝率呢?

>> 相關主題

黑洞
第 70 頁
黑洞資訊詭論
第 82 頁
暴脹
第 86 頁

> 我耗費了非常時間在研究黑洞,萬一被證實宇宙中並不存在黑洞,一切努力都將付諸流水。但至少我可以從贏得這場賭注得到小小安慰。

霍金理論的證據

在實驗室生產黑洞

　　想要讓粒子加速器產生黑洞，並藉此證明霍金輻射真實存在我們似乎還有很長的路要走。但是在 2010 年一篇重要的研究發表後，一切隨即改觀。這群科學家以米蘭大學的法朗哥（Franco Belgiorno）為首，在實驗室裡觀察到非常類似霍金輻射的效應。他們利用強烈的雷射光與非線性材料設計了一項實驗。由於**非線性材料**中的折射率會受到入射光強度的影響而變化，材料中的光速也會因此轉變；研究團隊利用這樣的特性，在非線性材料中製造出讓光完全停止的效應，用以模擬當光線行經事件視界的狀態。他們偵測到微弱的光線往**事件視界**的反方向發射，參與此實驗的物理學家相信，這個現象非常類似黑洞的**霍金輻射**，是此理論的有力證據。

上帝的臉孔

　　宇宙微波背景輻射是來自大爆炸當時的微弱**電磁回響**，雖然早在 1964 年便首次偵測到，但直到**微波望遠鏡**能夠穿越朦朧的地球大氣層後，宇宙物理學家才終於能對這神祕的回響有進一步的了解。1992 年，當人們終於能一窺其面貌，這第一份發表的結果震驚了物理界；理論不僅僅精準地預測背景輻射的溫度，微波望遠鏡所傳回的資料也顯示星系有不尋常的擴張，深究這些不尋常擴張的尺度與分布後，他們發現竟與**暴脹理論的預測**完全相符！這證明了霍金對暴脹理論的支持正確，同時，霍金利用量子宇宙論來解釋早期宇宙擴張的想法也更加穩確。

全像雜訊

　　霍金對於黑洞熱力學的研究同時也引發了另一項關於量子重力論的研究，也就是**全像原理**（holographic principle）。此原理最基本的解釋是，所有包含在三維空間的資訊都可以透過重新編碼投射在其外部的二維表面上，由於二維平面所能儲存的資訊必然少於三維空間，也就是說，假如此理論為真，小尺度空間應該是失真、**模糊且粗糙的結構**。在芝加哥費米實驗室（Fermilab）的物理學家霍根（Craig Hogan）透過計算證明，當任何人試圖在量子尺度下測量時，就會無可避免地發現某些「雜訊」。2009 年，用來偵測重力波的雷射干涉儀偵測器（**GEO600**）在回報中顯示確實接收到在很小的量子尺度空間下有模糊現象的證據。

>> 3 秒鐘摘要

你能夠想像如何在浩瀚的宇宙中測試關於黑洞那些複雜又奧祕的理論嗎？令人感到驚奇的是，這些測試結果正逐漸浮上檯面。

>> 相關主題

黑洞
第 70 頁
量子重力論
第 92 頁

> 即使實驗一次又一次地證明某些理論確實為真，我們還是永遠無法確定下一次的實驗結果會不會與理論相背

時間表

1970

霍金與牛津大學著名的數學家羅傑‧彭若斯合作，他們透過廣義相對論延伸，認為宇宙是由一個時空中密度無限大的奇異點開始，經過一連串的重力塌陷後產生。

1971

霍金與布蘭登‧卡特合作，證明了黑洞「無毛」的性質，也就是說黑洞的基本性質只有三個：質量、自旋數與電荷。所以，雖然我們為黑洞傷透了腦筋，總是感覺它很複雜，但其實黑洞是宇宙中最簡單的物體之一。

1971

霍金證明黑洞的事件視界隨著時間演進，只會變大而不會縮小。

1973

霍金與同事效仿熱力學的四大定律，訂出了黑洞力學四大定律，這四條定律決定了黑洞的行為。

1973

霍金與喬治‧埃利斯（George Ellise）共同出版了《時空的大規模結構》（*The Large Scale Structure of Space-Time*）。這本書的內容對於一般讀者（甚至某些學者）而言，並不是很容易理解。

1975

霍金與基普‧索恩打賭「天鵝座 X-1」並不是一個黑洞，並且在 1990 年很開心且乾脆地宣布自己賭輸了。

1977

霍金與蓋瑞‧吉彭斯（Gary Gibbons）合作，將歐幾里得的幾何概念，應用到量子重力上，在這個理論下時間可以被轉換成一個與三維空間類似的維度，這個概念大大簡化了廣義相對論的數學式。

1983

宇宙無邊界論由霍金以及詹姆斯 · 哈特爾共同提出。在這個理論當中，宇宙將從完全的虛無中誕生。

1993

霍金與約翰 · 史都華的共同研究顯示，黑洞蒸發後將導致以光速在空間中擴張的霹靂奇點產生。

1997

霍金與加州理工大學的物理學家約翰 · 普瑞斯基爾針對黑洞資訊詭論打賭，霍金主張所有掉入黑洞的訊息都會被摧毀。

2002

霍金與當時一起在劍橋的同事尼爾 · 圖洛克打賭，他認為如果宇宙學家能發現重力波的存在，那麼不久後暴脹理論也能被確認為真，而尼爾 · 圖洛克的火劫宇宙學說將被證明不存在。

2004

霍金向約翰 · 普瑞斯基爾認輸，他開始認為掉入黑洞的資訊或許並沒有完全被摧毀，而是以破碎的方式透過霍金輻射流出。

2006

霍金與湯瑪士 · 赫爾托赫提出「由上而下」的宇宙學，也就是從當下所見的宇宙為起點，將時間往前推，找出宇宙過去的模樣。

2010

霍金公開表示反對傳送訊息到宇宙中，他認為試圖吸引外星高智慧生物注意的行為，很可能為人類招致不懷好意的回應。

2010

以米蘭大學法朗哥為首的研究團隊在實驗室利用強烈的雷射光與非線性材料，觀測到非常類似霍金輻射的效應。

專有名詞

人本原理
Anthropic principle

人本原理認為宇宙具備生命得以發展的各科學理論與法則。

大爆炸理論
Big Bang theory

為宇宙生成的理論,認為在 137 億年前,時間與空間在極熱的狀態下產生。

黑洞
Black hole

一個質量大到連光都無法逃脫的物體。

黑洞資訊詭論
Black hole information paradox

掉入黑洞中的資訊是否不復存在的矛盾詭論。以廣義相對論而言,資訊應毀滅消失;而量子力學則認為資訊仍可保留。

時序保護臆測
Chronology protection conjecture

一個由霍金假想出的物理原則,若此原則為真,那麼時空旅行就只是無法達成的空想。

宇宙微波背景輻射
Cosmic Microwave Background, CMB

來自大爆炸當時的微弱電磁回響,為空間不斷膨脹後,留下微弱的微波訊號。

封閉類時曲線
Closed timelike curve

一種穿越時空的軌跡,讓時光旅行者能回到展開旅行的起始位置與時間點。

熵
Entropy

描述物理系統中紊亂、隨機的程度。

事件視界
Event horizon

黑洞的邊界。一旦跨越事件視界進入黑洞,便無法再回頭。

重力波
Gravitational wave

在強烈的重力變化之後於空間中產生的漣漪,例如兩個黑洞發生碰撞後便會產生強烈的重力變化。

霍金輻射
Hawking radiation

在量子過程(quantum process)中,從黑洞穩定地向事件視界外溢出的粒子與輻射。

全像原理
Holographic principle

此為量子重力論中的原理,最基本的解釋是所有包含在三維空間的資訊都可以透過重新編碼投射在其外部的二維表面上。

暴脹
Inflation

在宇宙生成的第一個瞬間，空間所經歷極度快速的指數膨脹。

M 理論
M-theory

將多種弦論集合而成的單一的數學模型。

宇宙無邊界論
No-boundary proposal

一種假定宇宙沒有「初始狀態」的想法，而宇宙則從一片虛無中誕生。

量子重力論
Quantum gravity

試圖將量子理論與廣義相對論合而為一，以解釋量子視界中的重力現象。

量子理論
Quantum theory

描述次原子粒子的物理現象，又稱量子力學；其所描述的是量子尺度下，粒子出現在某特定位置的機率。

廣義相對論
The general theory of relativity

愛因斯坦的重力理論，延伸自將狹義相對論中的時間與空間進行彎曲。

狹義相對論
The special theory of relativity

愛因斯坦的相對運動理論，在此理論中當物體接近光速運動時，會發生難以想像的效應。

薛丁格的貓
Schrödinger's cat

一個用來解釋量子理論奇異現象的假想實驗，以不知實驗中貓咪是生或死的狀態，來描述次原子粒子的行為。量子理論中粒子可同時出現在數個位置，而實驗裡的貓則同時既是活著又是死亡。

奇異點
Singularity

在廣義相對論之下，物體因自身的重力而塌縮成一個密度無限大的點。

弦論
String theory

粒子物理領域中的理論之一，認為基本粒子由如線般的能量弦所組成。

萬有理論
Theory of everything

一則物理中尚未發展出的假想理論，企圖統一描述四種自然力：電磁力、重力，以及核子中的強力與弱力。

熱力學
Thermodynamics

物理中描述熱力轉換的理論。

由上而下的宇宙學
Top-down cosmology

為無邊界宇宙論的延伸，用以推論今日的宇宙與大爆炸的演變。

霍金的影響

放眼未來

移民外太空？

　　隨著**載人太空船**的經費持續被刪減，霍金不斷地發表他對人類種族存亡的擔憂，他認為在人口不斷增加而地球資源有限的狀況下，人類終將面臨滅亡的考驗。與其做一個忽略危機的樂觀主義者，霍金認為當社會與政治的壓力升溫，類似 1962 年**古巴導彈危機**的災難很可能會重演，因此我們必須及早規劃才能確保人類種族的存續。對霍金而言，唯一的解決之道就是尋求**移民外太空**的可能性，如果人類不馬上採取行動，滅亡的危機就在眼前。

非洲的愛因斯坦

　　身為全球最活躍的科學大使之一，霍金始終致力於改善世界各地的基礎科學設施。2008 年，他拜訪了位於開普敦的「**非洲數學研究機構**」（AIMS），希望能為科學界在非洲尋找被埋沒的人才，也非常興奮能與眾多具有潛力的「年輕愛因斯坦」碰面。AIMS 由南非科學家**圖洛克**贊助，圖洛克目前是加拿大佩里米特理論物理研究所所長，曾在 1997 至 2008 年間擔任劍橋大學的數學教授。AIMS 計畫在未來數十年間於非洲建立 15 座**卓越數學研究機構中心**，此計畫稱為「尋找下一位愛因斯坦」。

霍金發出警告

　　霍金長久以來一直奮力保衛英國的科學研究經費，因此當 2008 年英國政府刪減 8,000 萬英鎊的科學研究預算（約臺幣 48 億元）時，霍金立刻跳出來痛斥政府的惡行。兩年後，政府更接著宣布刪減 10 億英鎊（約臺幣 600 億元）的高等教育經費，這次霍金甚至思索採取更強硬的作法，以離開英國做為**抗爭**。在前往佩里米特理論物理研究所的夏季旅行中，霍金審慎思考離開英國常居加拿大的可能性。對霍金而言，要下定決心離開摯愛的家人、同事以及劍橋絕對不是容易的事，這也表示他有多麼重視**基礎理論學科的經費議題**。劍橋在支持理論科學家方面一直有著優良的傳統，霍金、達爾文、牛頓都是劍橋孕育出來的偉大科學家。如果當時霍金真的選擇離開，不僅會讓劍橋蒙上一層陰影，更是全英國的損失。

>> **3 秒鐘摘要**

霍金一直呼籲各界重視載人太空船的重要性。當政府接二連三刪科學研究經費，霍金更進一步以離開英國做為威脅，希望政府能正視基礎科學的重要性。

>> **相關主題**

外星生命
第 100 頁
黑洞資訊的遺產
第 136 頁

> 太空旅行是拯救人類的唯一方法。

開枝散葉

費伊 · 道格

在霍金以全職研究員受聘於劍橋的這段時間，他曾經提過幾位門下的學生，後來也都在學術研究的路上大放異彩。費伊 · 道格（Fay Dowker）在霍金的指導下於 1990 年取得博士學位，當時的研究主題是關於時空中的**蟲洞**；離開劍橋後，道格前往位於芝加哥附近的**費米實驗室**擔任博士後研究員，同時也兼任倫敦瑪麗王后學院的講師；目前於倫敦帝國學院擔任教授。她是英國最受敬重的理論物理學家之一，主要的重心在於**量子力學**與**量子重力論**，她的研究基礎建立在最基本的時空單位是不平滑的塊狀結構的假設之下。

蓋瑞 · 吉彭斯

1946 年，蓋瑞 · 吉彭斯（Gary Gibbons）誕生於英國薩里，並在 1969 年開始攻讀博士班。吉彭斯原本與霍金一樣都由希阿瑪指導，不過後來**希阿瑪**轉任牛津大學，吉彭斯就轉由霍金接手。吉彭斯與霍金相輔相成，在廣義相對論、量子重力學與黑洞的研究都有所貢獻。尤其是他們將**歐幾里德的概念**引入量子重力論，為黑洞熱力學帶來了嶄新的觀點。吉彭斯將大多數的學術生涯都奉獻給劍橋大學，目前他與導師霍金同為應用數學和理論物理學院的教授，並於 1999 年被遴選為**英國皇家學會院士**。

雷蒙 · 拉夫雷姆

雷蒙 · 拉夫雷姆（Raymond Laflamme）誕生於加拿大的魁北克省，1988 年開始在劍橋的霍金門下攻讀**宇宙學博士學位**。雷蒙在研究生階段就已經展現其天分，他曾成功地扭轉霍金對於時間的想法，讓霍金接受「時間」即使在收縮中的宇宙也不會往回走。畢業後雷蒙前往英屬哥倫比亞大學以博士後研究員的身分繼續研究，並派駐於**洛斯阿拉莫斯國家實驗室**。這段時間他發表了相當多優秀的學術論文，1998 年，被《科學》（*Science*）期刊評選為年度最具突破性的十篇科學研究之一。2001 年，雷蒙加入佩里米特研究所的理論物理團隊，與費伊 · 道格一樣，雷蒙也對量子訊息的理論特別感興趣，尤其在關於校正量子誤差的研究方面投入了大量心力。目前任職於加拿大的滑鐵盧大學，擔任**量子計算學院院長**。

>> **3 秒鐘摘要**

跟隨指導教授希阿瑪的腳步，霍金也指導了非常多學生，許多學生在不久的未來都成為舉足輕重的理論物理學家。

>> **相關主題**
量子重力論
第 92 頁
時間的真理
第 96 頁
量子資訊理論
第 144 頁

> 語言讓我們能溝通想法，也因為語言人類才能共同工作，創造無限的可能。

費伊・道格

雷蒙・拉夫雷姆

霍金與眾朋友，右下
角為蓋瑞・吉彭斯

相互切磋

羅傑 · 彭若斯

>> 3 秒鐘摘要

與霍金同期的科學精英持續擴展人類對宇宙的了解，當中有些人參與了電影的拍攝，將科學進一步帶入人群。

80 歲高齡的彭若斯目前為劍橋大學榮譽教授，在數學物理方面有相當傑出的貢獻。霍金與他在學術多有合作，1975 年，他們獲頒**皇家天文學會授予的愛丁頓動章**（Eddington Medal）；1988 年，由於兩人讓人類對宇宙的認知更進一大步，又共同贏得渥爾夫獎（Wolf Prize）。彭若斯最知名的成就有兩項，一是「**扭子理論**」（Twistor Theory），為量子重力論中非常創新的進展，他也因此被稱為扭子理論之父；以及 1974 年發現的著名「彭若斯鋪磚」（Penrose tiling），即只需用兩種多邊形進行延伸拼貼，所組成的圖形雖沒有平移對稱，但會與原本的多邊形相似。該特性為「非週期性鋪磚」（aperiodic tiling），由波蘭天文學家與數學家**克卜勒**（Johannes Kepler）於十六世紀首次提出，但並未成功畫出。

基普 · 索恩

>> 相關主題

下一個世代
第 130 頁

基普 · 索恩在加州理工大學任職已超過三十年，霍金也曾多次到加州理工大學與索恩近距離合作，共同為學術研究與教育下一代宇宙學家而努力。2009 年，為了有更多時間追求其他興趣（寫作、研究或協助電影拍攝），索恩辭去**理論物理學費曼教授**的職位轉任榮譽教授。2006 年，導演**史蒂芬 · 史匹柏**宣布希望開拍一部「科學正確」的電影，其製片為琳達 · 歐柏斯特（Lynda Obst），索恩則擔任科學顧問，電影描述一群探險者穿越蟲洞抵達未知的時空維度，片名為《星際效應》（Interstellar）將於 2014 年 11 月上映。索恩說曾有許多人建議他應該在電影中客串自己。

雅各布 · 貝肯斯坦

以色列理論物理學家雅各布（Jacob Bekenstein）目前為耶路撒冷希伯來大學的**波來克教授**。雅各布、霍金與詹姆斯 · 巴登同為首度提出黑洞「熵」概念的科學家，主張應該要精確定義黑洞的熵，並將黑洞熱力學第二定律以數學型態表達。剛開始霍金與雅各布的主張**大相逕庭**，不過兩年後霍金關於黑洞輻射的概念反倒支持雅各布的想法。雅各布至今仍然活躍，近期更發表了廣義相對論中的替代重力理論，TeVeS，即張量（Tensor）、向量（Vector）與純量（Scalar）的縮寫，此理論在時空中引入三種不同的場，取代原本的重力張量場。

> 我突然領悟，彭若斯與我為了證明奇異點所發展出來的數學技巧，其實都可以應用在黑洞上。

羅傑 · 彭若斯

雅各布 · 貝肯斯坦

基普 · 索恩

社會運動家

國民健保制度

時間回到 2009 年，當時右翼的美國共和黨員以「邪惡」以及「歐威爾主義式」（Orwellian）的字眼批評英國的國民健保制度，霍金挺身而出支持健保概念，並說「**如果英國沒有國民健保，我不可能活到今天**」。美國共和黨的目的是反對美國總統歐巴馬所提出的健保改革草案，如果這項草案通過，數百萬負擔不起私人保險的美國公民將可以享受**免費健保**，而高收入者必須繳納更多的稅來支撐政府支出。當時霍金正在華盛頓接受美國最高的平民榮譽，**總統自由勳章**，他的發言不只引起廣大媒體的注目，同時也在推特（Twitter）上帶起一股支持健保改革的風潮。

戰爭罪

霍金尤其反對 2003 年以美國為首的**伊拉克戰爭**，並稱之為「戰爭罪」。一場在倫敦特拉法加廣場舉辦的示威遊行時間恰好碰上美國大選期間，霍金與同樣反戰的作家、政治家、演員與運動明星共同出現在舞臺上，聲稱所謂出兵伊拉克的理由只是些**虛假的謊言**。為首的謊言就是推測人們正受到大規模毀滅性武器的威脅，另一個謊言是認定伊拉克要為**九一一攻擊事件**負責。霍金在場朗讀了部分人名，那些在美伊衝突中失去性命的伊拉克民眾的人名，同時也希望臺下民眾能夠了解，這是一個正在進行的悲劇，而後果正由十萬名在伊拉克流離失所的人民承擔著。

給和平一個機會

從青少年時期開始，霍金就站在反對核子武器的陣營，他的母親是**核武裁減行動**（Campaign for Nuclear Disarmament, CND）的成員，霍金跟隨母親參與過幾場抗爭活動。2009 年，他加入了一支團體，該團體聯合了科學家、國會議員與宗教領袖，要求當時的英國工黨政府停止更新**三叉戟級**（Trident）核導彈系統計畫，霍金與其他來自學術界的成員對此計畫的可行性與正當性提出質疑，尤其是未來三十年它將耗費 **650 億英鎊**。根據霍金的觀察，一旦三叉戟級核導彈系統成功實行，所需的大量人力將使得現行的裁軍計畫更難以推動，他表示「由於缺乏系統更新的配套措施，導致我們必須單獨使用新的系統，這根本只是在浪費錢。」直到現在，是否應該更新三叉戟級核導彈系統的議題仍在英國延燒。

> **>> 3 秒鐘摘要**
>
> 身為一位愛好和平的社會運動家，霍金不僅反對 2003 年對伊拉克出兵，長期以來也為了反核武的理念發聲。

> **>> 相關主題**
>
> 爭取身障人士的權利
> **第 120 頁**

> **"核子戰爭始終是人類種族存續的最大威脅。"**

爭取身障人士的權利

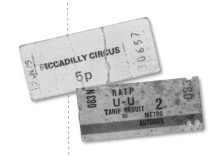

代表性人物

　　除了克服自身嚴重的肢體障礙，霍金更透過自身樹立典範，將「希望」散播到世界各個角落。1999 年，他出面召集眾多頗具聲望的人士，包括**德斯蒙德 · 杜圖**（Archbishop Desmond Tutu）。他們進行全球性的活動，為身障人士爭取權益。來自俄羅斯、沙烏地阿拉伯以及中國的代表委員簽署了「**第三個千禧年殘障憲章**」（Charter for the Third Millennium），此憲章受到駐於倫敦的世界復健組織認可。根據估計，全球約有 10％的人口深受身障所苦，其中又有 80％來自開發中國家。因此，活動的主要目標是推動各地政府正視可能導致身障的重大疾病，甚至將預防措施加入未來施政目標。

帶來改變的媒介

　　2001 年，霍金前往印度拜訪，在這趟跨國旅程中他參觀了多所大學，並與當時的總統**科切里爾 · 拉曼 · 納拉亞南**（K.R. Narayanan）會面。早在霍金抵達印度之前，當地投身爭取身障權益的人士便表示，許多霍金計畫前往的場合根本沒有足夠的設施讓如此嚴重的身障人士行動，但負責接待的**印度考古研究中心**不以為意，還表示霍金絕對能夠順利參訪所有的地點。幸好，在最後一刻他們似乎意識到此事的嚴重性，除了請求各參訪地點必須裝設斜坡，也尋求身障中心的專業人士全程協助霍金，這也讓霍金意外為長期缺乏身障設施的印度注入一股活水。

堅定的運動家

　　2006 年，霍金為了爭取身障設施接受以色列獲獎的電視節目專訪，他要傳遞的訊息簡單明瞭（請見右欄），即使人類的科技已經進展到能移民月球，或甚至是火星，但身障人士的權益卻沒有什麼顯著進步，他們生活在地球上的每一天**仍然充滿阻礙**。2009 年初，英國政府撤回超過 500 萬英鎊的撥款，這筆款項原定用於建立一棟學術建築，地點位於赤爾登罕（Cheltenham）的**國家之星學院**（National Star College），預計成為具有身障、感知或學習障礙者的特殊研究中心。霍金為此致信當時的英國首相戈登 · 布朗（Gorden Brown），要求尋找能繼續這項「**無價計畫**」的資金。此學院目前正自行為這項計畫籌備資金。

>> 3 秒鐘摘要

霍金是爭取身障人士權益的積極行動家，他的目標不只是推動英國政府，而是著眼全世界。

>> 相關主題

與漸凍人症共處
第 38 頁
社會運動家
第 118 頁

> 人類在未來二十年內將能在月球居住，或許再過兩百年就可以離開太陽系探訪其他恆星，但此時此刻的我們只是想要去超市買場後東西、看然好電影，然好去餐廳好吃一頓。

德斯蒙德・杜圖

KATHMA

0087 9

İETT

1 2 3 4 5 6 7 8 9 10 11 12

STEFER 90-III
STEFER SERVIZI URBANI
90-III
90 LIRE
055
294946

ABLE BODIED FEEBLE MINDED

BLAH BLAH BLAH

ABLE BODIED FEEBLE MINDED

ABLE BODIED FEEBLE MINDED

ABLE BODIED FEEBLE MINDED

THE WAR ON ERROR YOU'RE IN THE WRONG SPACE

BLAH TO SELFISH DRIVERS

IT'S NOT BIG AND IT'S NOT CLEVER

THE WAR ON ERROR YOU'RE IN THE WRONG SPACE

IT'S NOT BIG AND IT'S NOT CLEVER

LR05 WSO

افغانستان   هرات

(منارا هوتل)

آدرس هرات ـ جاده لیسه مهری مقابل مؤسسه برادران

تلیفون ۲۴۴۴

हिन्दू
ख़ुश - दिल होटल

रेलवे स्टेशन से ५ मिनट का रास्ता
सिंगल व डबल कमरे के साथ बाथ रूम
मेन चांदनी चोक
स्पेशल वेजीटेरियन का प्रबंध

RATP
U-U
2
AUTOBUS

50

無障礙科技

小袋貂

霍金輪椅上的電腦系統是由**劍橋精益通訊公司**（Cambridge Adaptive Communications）設計，此公司現在已更名為袋貂公司（Possum）。這套實驗性的產品就是為了霍金而研發，因為能有效協助身障人士生活，並擁有相當程度的獨立性而廣受歡迎且大量使用。袋貂公司將稱他們的系統為「**電子輔助技術**」（Electronic Assistive Technology），透過家中四處安裝的設備，讓重度身障人士能順利地開門、關閉窗簾以及操作燈光、電視和電腦。許多身障人士表示，這些系統**徹底改變了他們的生活**，從此不再需要二十四小時受人圍繞，可以享受獨處的安靜時光。2009 年，袋貂公司贏得了**英國女王創新獎**。

眨眼的瞬間

霍金透過各種軟體讓外界理解他的想法，例如美國**渥德普拉斯**（Word-Plus）公司研發的同步傳話系統「**Equalizer**」選字以便與人溝通，如果沒有這些創新技術的協助，霍金腦中那些關於宇宙的開創性理論將永遠受困，而無法為人所知。至今，這些系統仍然持續開發中，目前已經可以透過微幅的身體移動產生訊號，例如**眨眼**。對霍金而言，溝通曾經是相當不容易而且緩慢的事，幸好有像 Equalizer 這樣的軟體，能透過預測單字與各式縮寫讓霍金能快速地輸出語音。從 2011 年開始，霍金有了一個新的聲音，他開始使用 **NeoSpeech** 公司的文字與語音轉換引擎（VoiceText），產生更自然且逼真的音色。

幹細胞

2006 年，霍金敦促歐盟切勿跟隨美國小布希總統的腳步**禁止幹細胞研究**，他更將此項政策視為反對小布希總統的頭號理由。霍金表示，幹細胞的相關研究對於**發展退化性疾病**（例如漸凍人症及帕金森氏症）的治療至關重要。他的憂慮並非無的放矢，當時已有 8 個歐盟國家正考慮停止資助對生育治療後的剩餘胚胎幹細胞進行研究。最後，歐盟宣布現有的經費將繼續給予人類胚胎幹細胞的研究，但不提供資金給破壞人類胚胎的相關計畫。由於幹細胞必須徹底破壞人類胚胎才能取得，此政策一經宣布霍金便很快地指出，這根本是未經全盤考量的決策。

>> **3 秒鐘摘要**

原本專為霍金設計的創新發明，不只幫助他克服了病痛帶來的身體殘疾，同時也讓其他行動不便的人士能享有一點屬於自己的空間。

>> **相關主題**

與漸凍人症共處
第 38 頁
爭取身障人士的權利
第 120 頁

" 我很高興見到幹細胞的研究能被應用在神經疾病上，但目前的進展還不到讓我屏息以待的程度。 "

科普著作的王者

場場爆滿

霍金環遊世界四處演講，幾乎每一場講座都會吸引數以千計的觀眾。霍金出場時**萬人空巷**的畫面彷彿搖滾明星現身，而不是來自劍橋的教授。演講的主題通常是宇宙的起源以及智慧生命在其他行星上發展的可能性。2010 年，霍金在倫敦**皇家阿爾伯特音樂廳**舉行了一場講座，門票一掃而空，幾乎爆滿的場內聚集了約有五千五百名聽眾，為了親耳一聽霍金對虛擬時間、時空奇異點與多維度統一場理論的看法。當晚介紹霍金出場的物理學家**吉姆 · 阿爾哈利利**（Jim Al-Khalili）表示，現場大多數人雖然已經很努力地試圖理解霍金討論的內容，但似乎還是很難吸收。無論如何，光是能見到霍金這樣**偉大的人物**，聽眾們就已經非常開心了。

暢銷作家

從 1988 年出版《時間簡史》起，霍金出版了一系列的科普暢銷書，2010 年，他與雷納 · 曼羅迪合著的**《大設計》**，更是將霍金暢銷作家的身分推到了最高峰，在美國出版後短短幾天之內，便空降亞馬遜暢銷書排行榜第一名。出版業者以**「霍金效應」**一詞來敘述這股抽象科學書籍在大眾市場掀起的旋風。2005 年，霍金與雷納 · 曼羅迪出版《時間簡史》修正版，不少媒體指控此書重新出版只是為了**牟利**，不過霍金認為新版加入了更多內容，此修正版能讓讀者更容易閱讀、吸收。

霍金的宇宙

霍金拍攝過許多紀錄片解釋宇宙的狀態與生成，以促進大眾產生對科學的好奇並從中了解各種理論。其中最受人注目的是 2010 年於**探索頻道**播出的三部曲，《霍金的宇宙》（Stephen Hawking's Universe）。那是一場透過電腦繪圖營造的視覺盛宴，用霍金的角度解釋從宇宙大爆炸到現今所發生的故事。其中一集討論到外星生命的可能性，霍金認為外星智慧生命可能對地球的未來造成重大威脅，這引發了媒體大幅度的關注並將此看法視為重要警訊。 2011 年，BBC 製作了《與霍金一起探索新世界》（Brave New World with Stephen Hawking）系列節目，節目中從科學的角度討論了許多令人興奮的創新發明，包括無人駕駛汽車、以大腦控制的輪椅，以及功能強大到能夠目睹宇宙起源的望遠鏡。

>> 3 秒鐘摘要

透過場場爆滿的演講、撰寫暢銷科普書籍，以及參與談論宇宙或自身理論的電視節目，霍金持續地將科學推到一般人的生活中。

>> 相關主題

科學家與超級巨星
第 52 頁
永世不朽的傳奇
第 150 頁

> 如果外星人來到地球，相信結果會相當類似哥倫布發現美洲新大陸，人類就像當時的印地安人，這絕對不是一個好消息。

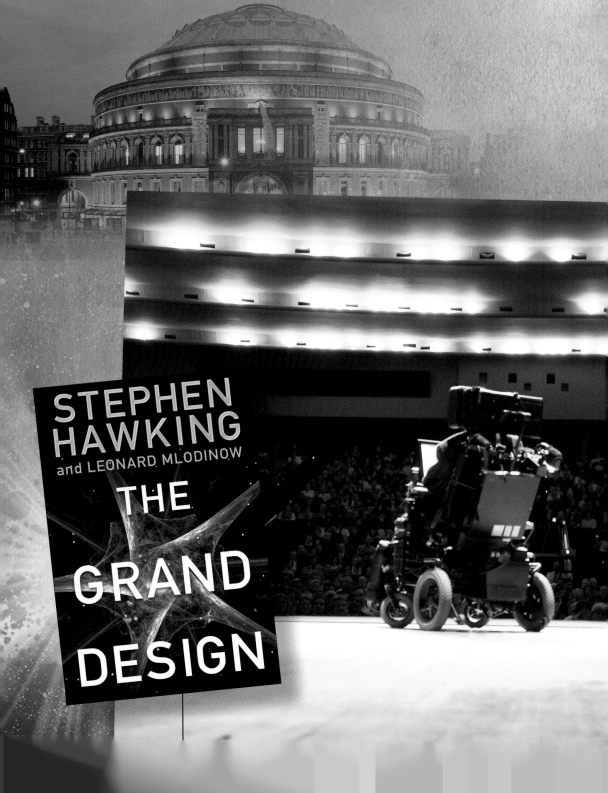

電視與電影拍攝

傑出的戲劇

2004 年，BBC 廣播電台與霍金合製了廣受好評的同名電視劇《霍金》（Hawking），講述他早年在劍橋的故事。本劇由英國演員**班奈狄克 ・ 康柏拜區**（Benedict Cumberbatch）主演，他精準地呈現這位年輕天才的說話方式、行動以及過人的魅力，更因此影集獲得**英國影片與電視藝術研究院**（BAFTAs，一般又稱為英國奧斯卡獎）提名為最佳男演員。本劇中心圍繞在霍金剛收到那令人震驚的診斷並被告知只剩下兩年生命的期間，試圖捕捉當霍金的智慧正準備開始飛騰，而身體卻不斷萎縮的強烈對比，生動地描繪了霍金面臨這些巨大挑戰的態度，展現出**令人感動且振奮人心**的力量。

星際爭霸戰

從 1960 年代晚期在電視撥出的系列影集開始，霍金一直是《星際爭霸戰》（Star Trek）的忠實粉絲；他曾為 1993 年《**星際爭霸戰：第二代**》（The Next Generation）客串過一集，該集名稱為《暗襲，第一部曲》。在影片中，機器人開發者設計了一套名為「數據」的模擬程序，這個程式讓玩家能與霍金、愛因斯坦與牛頓的全像圖玩撲克牌，而霍金的全像圖則由本人扮演，也讓他成為《星際爭霸戰》中**唯一扮演自己的特別來賓**。影集以俏皮的方式向觀眾展示這些偉大的思想家，利用詼諧的對話殺殺牛頓的威風，再由霍金打出關鍵的制勝牌。在拍攝期間，霍金要求劇組為他介紹各種道具，並希望能坐上艦長的位置。

卡通裡的霍金

霍金曾數度出現在《**辛普森家庭**》，並曾與該卡通的主要創作者馬特 ・ 格朗寧（Matt Groening）合作，參與屢獲殊榮的科幻喜劇動畫片《**飛出個未來**》的製作。這部卡通的主人翁菲利普 ・ 弗萊是二十世紀晚期紐約的一位比薩外送員，他被低溫凍結後，醒來赫然發現自己身處三十一世紀，於是展開一連串的冒險。弗萊前往宇宙最遙遠的地方，在那裡遇到了智慧外星生命——包括瘋狂的天才、機器人，甚至還有突變種。霍金多次出現在此動畫影集中，其中最著名的片段是霍金的頭被裝在一個罐子裡，並能以眼睛發出光束將人擊暈。另外，還有一集內容是弗萊誤會霍金「**發明**」了重力，但劇中霍金的角色自若地回答道：「是的，這當然是我發明的。」

>> 3 秒鐘摘要

透過參與《星際爭霸戰》的拍攝，霍金成功坐上企業號（Enterprise）艦長的座位，一圓多年的夢想。

>> 相關主題

科普著作的王者
第 124 頁

「我正忙著玩意霍金的時曲，處理這是劇中當他站在「速引擎」上，這是能讓企業號以超光速行進的裝置。」

霍金出現在動畫
《飛出個未來》中

天生反骨

羅馬教皇首開先例

霍金參加了 1981 年在梵蒂岡舉辦的羅馬教皇科學院，但這次活動引發宗教界的反對聲浪。**教宗若望保祿二世**表示，雖然他了解研究宇宙學為人類的好處，但科學家不應該過度鑽研與「宇宙的起源」相關議題，這應該是屬於**神學的範疇**。很不巧地，霍金才正宣布激進的宇宙無邊界論（相對於宗教的保守），顯而易見地當時實在不是討論這個議題的好時機。更甚者，當霍金被引薦給教宗時，教宗便跪在霍金身邊讓兩人談話時能視線相接，這個舉動也**得罪了許多天主教徒**，他們質疑教宗為何要給予一位無神論者如此高度的尊重，尤其是他正試圖挑戰天主教信仰的根基。

大眾的認知

透過卡爾・薩根，霍金是第一位把研究成果介紹給普羅大眾的學者，藉由書籍與舉辦公開講座，讓大眾對宇宙學相關的議題產生興趣。最初，學術界對於他的行為並不領情，更有批評這是**譁眾取寵**的聲音出現，他們認為有不少宇宙學家也在類似領域投入了龐大心力，但由於霍金的病情，所有目光只集中在他一個人的身上。《時間簡史》的編輯**彼得・古查迪**也觀察到，部分霍金的指導學生對於他花費這麼多的時間在科普工作上感到不滿，他們認為霍金應該把時間投資在更重要的研究議題。另外也有霍金同輩的科學家抱怨，霍金推廣科普的行為，會導致一般人用**過度簡化**的方式來理解他們的研究工作。

特立獨行

霍金並不太遵守一般人對**盧卡斯數學榮譽教授**的期望。1990年，霍金受邀在布萊頓會議中心舉辦一場演講，霍金理應要在眾記者雲集的前一晚與媒體會面，但半小時過去了他仍不見蹤影。原來是霍金發現英國搖滾樂團**現狀合唱團**（Status Quo）當晚在同一個會議中心舉辦演唱會，於是決定丟下媒體去演唱會當一位粉絲。2003 年，他跑到在倫敦的斯特林脫衣舞俱樂部吃晚餐，並好好欣賞了女孩們的舞蹈。俱樂部老闆**彼得・斯特林**表示，霍金特別喜歡一位小名是「老虎」的女孩，並在俱樂部待了 5 個小時之久。

>> 3 秒鐘摘要

霍金一向我行我素，也非常歡迎各界的批評與挑戰，他可以在梵蒂岡激怒天主教徒，也可以接受邀請在脫衣舞俱樂部歡度 5 個小時。

>> 相關主題

霍金的信仰
第 46 頁
量子宇宙學
第 88 頁

> 不一定需要上帝點燃最初的火花，宇宙也能運轉。

現狀合唱團

1982 年，霍金與教
宗若望保祿二世

下一個世代

愛德華 · 維騰

　　霍金曾被盛譽為下一個愛因斯坦，那麼，誰又是下一個霍金？許多人認為目前任職於**普林斯頓大學高等研究院**的愛德華 · 維騰是當今最偉大物理學家之一。維騰主要的研究領域為**弦論**與 **M 理論**，不過他也為像「超對稱」（讓不同族群的次原子粒子能被等價看待的一種理論）等學科貢獻良多；同時，他更**專精於數學**，如幾何學與拓撲學（topology）等。事實上，維騰對數學的理解之深甚至會讓最專業的數學家都相形見絀，而他在 1990 年更獲頒**菲爾茲獎**（Fields Medel），相當於數學界的諾貝爾獎，也是至今唯一一獲得此殊榮的物理學家。

邁克爾 · 格林

　　根據傳統，霍金於 2009 年 9 月即將邁入 67 歲前，卸下了**盧卡斯數學榮譽教授**一職。他的繼任者是弦論研究的先驅邁克爾 · 格林（Michael Green）教授。格林與加州理工學院的**物理學家約翰 · 施瓦茨**（John Schwarz）合作，兩人在數學上的突破，使得弦論能在 1980 年代順利推廣，踏出了向外發展的第一步。格林原本就是劍橋大學的理論物理學教授，2009 年 11 月 1 日他接替霍金成為了第 18 位盧卡斯主席。然而，格林接任時已屆 63 歲，他也必須在 2013 年卸下此**物理學界最富盛名的工作**。而下一位候選人又在哪裡呢？

布萊恩 · 考克斯

　　讓霍金如此成功且聲名遠播的不只是因為數學物理上的天分，更來自他為普及科學付出的努力，透過書籍、演講以及在電視上露面，霍金將艱深的科學概念成功地**傳達給群眾**。若說有人能在這兩方面都與霍金相提並論，那肯定是**英國科學家**布萊恩 · 考克斯莫屬。考克斯現任於曼徹斯特大學的物理學教授，曾出現在許多**科學紀錄片**中，經常為英國科學教育制度貢獻心力，並在 **BBC 電臺**擁有自己的科學喜劇節目。在考克斯崛起的同時，統計顯示英國學生選修物理相關課程的人數也往上躍增，兩者間應該不全然只是巧合。在考克斯決定以物理為志業前，曾是 D:Ream 搖滾樂團的鍵盤手。

>> **3 秒鐘摘要**

霍金之所以與眾不同，不只是他在物理方面的天賦，更是他精於與普羅大眾討論艱深的科學。未來誰能夠取代霍金擔任此重責大任呢？

>> **相關主題**

量子重力論
第 92 頁
科普著作的王者
第 124 頁
通往量子重力學的路
第 142 頁

"我不害怕死亡，但我也還不急著離開。"

愛德華 · 維騰 ————

———— 邁克爾 · 格林

布萊恩 · 考克斯

黑洞存在的證據

天鵝座 X-1

1964 年，天鵝座 X-1 成為第一個被認定為黑洞的天體。它是天鵝座當中最明亮的 X 射線源，由於地球的大氣層會阻擋掉大多數來自外太空的 **X 射線**，因此必須透過火箭發射 X 射線探測器至大氣層最外層上空，才能發現天鵝座 X-1 的存在。天文學界推定這些 X 射線是由於黑洞的重力牽引原本伴星的物質，當這些物質在掉入黑洞時被擠壓並加熱到極高的溫度，此過程產生了 **熱輻射**，並發射出大量的 X 射線。霍金曾經與他的同事**基普 · 索恩**打賭天鵝座 X-1 不是黑洞，不過後來霍金坦承自己輸了這場賭注。

超大質量黑洞

天鵝座 X-1 的質量大約是**太陽質量的三十倍**，屬於恆星型的黑洞。科學家相信星系的中心應該存在更大的黑洞，並將其稱為「超大質量黑洞」，這些龐然大物的質量將是太陽的一百億倍甚至更多。透過**測量周邊恆星**的軌道速度，天文學家反推此中心的質量，因而發現在星系中心有個比太陽系還小的範圍中，存在著極高的質量，目前所知唯一的可能性便指向**黑洞**。至今，擁有最多研究證據、也最具說服力的例子位於銀河系（也就是我們所處的星系）的心臟，稱作「人馬座 A」，重量為太陽的 410 萬倍，其直徑卻僅有 12.5 個光時（light hours）與天王星的繞日軌道相當。

事件視界

找到一個物體質量緻密到看起來像是黑洞，並不足以讓人相信所有霍金理論中的神祕物體都存在。不過，1990 年代天文學家發現了**更多證據**。根據廣義相對論的預測，當物體足夠靠近黑洞的事件視界時，其發出的輻射波長會受到重力影響而被拉伸。1992 年，在黑洞附近觀測到**連續性衰減脈波**，每一個脈波都呈現序列性地閃爍，且波長穩定增加，這個現象被解釋為物體落進黑洞前最後數次繞行所留下的明亮訊號。其中最關鍵的效應是這些連續性脈波從此**消逝無蹤**，也沒有產生爆炸性的閃光，如同我們所期待的，這個物體的突然消失就像是掉進了一個事件視界，而不是與某個固體表面碰撞。

>> 3秒鐘摘要

霍金窮其一生在建構關於黑洞的抽象理論，不過現在看來，黑洞已經不那麼「抽象」了。

>> 相關主題

黑洞
第 70 頁
科學賭注
第 102 頁

> 自從我們在 1975 年設下天鵝座 X-1 的賭局後，關於天鵝座 X-1 的研究方向並沒有太大改變，不過我們現在能夠透過觀測，發現更多證據顯示天鵝座 X-1 其實就是一個黑洞，所以我輸了這場賭局。

蒸發的黑洞

安魯效應

　　霍金發現在**強大重力場**的作用之下，即使是空無一物的空間也能夠產生物質粒子，這就是有名的**霍金輻射**。在相對論中的基礎原則——等效原理成立的前提之下，重力和加速度是等價；也就是說，像是霍金輻射這樣的效應應該能被加速中的物體觀測到。英屬哥倫比亞大學的物理學家**比爾 · 安魯**（Bill Unruh），在 1976 年以數學證明了這個效應。在安魯的公式中，任何加速通過空白空間中的觀察者，會觀察到慣性參考系下無法看到的黑體輻射，而加速者感受到的空間會比實際來得溫暖。安魯效應（Unruh effect）撼動了物理界，因為這意味著空白空間只有在靜止的觀察者眼中，才是真正的空無一物。

太初黑洞

　　在霍金輻射理論中，眾多違背直覺的現象之一便是從較小的黑洞輻射出的粒子會比從較大黑洞輻射出來的速度更快。因此當黑洞發出輻射後會變小，一旦**輻射的速率增加**，黑洞變小的速度也隨之增快，直到黑洞結束生命的那一刻，它將輻射出高能伽馬射線，然後蒸發消逝於無形。反之，**大型的黑洞**（包括尺寸普通的恆星坍塌形成的黑洞）所發出的輻射極其微弱，很難被觀測證實。不過天文學家認為，宇宙大爆炸時的高溫與壓力能使某些物質崩潰並形成微小的**太初黑洞**（primordial black holes），透過計算，他們相信這些低質量的黑洞會恰好在現下的時間點走向生命終點，蒸發成伽馬射線。美國太空總署 NASA 的**費米伽馬射線**太空望遠鏡（Fermi Gamma-Ray Space Telescope）正繞著地球運轉，進行掃描天空的任務，希望能觀察到這些宇宙前輩的垂死掙扎。

新的地平線

　　事件視界並不是天文物理學中唯一的「視界」。宇宙學家經常思考著，當我們將宇宙視為一個很大的**整體**，還有哪些視界會存在於宇宙背景？以光為例，從宇宙誕生開始光所能及的最遠距離，定義出我們的「距離視界」，即使天文學家製作出符合科學原則的最強大望遠鏡，也無法看到此視界以外的任何物體。1988 年，新堡大學的**保羅 · 戴維斯**（Paul Davis）將霍金的黑洞熱力學應用到宇宙視界上，展示了這些宇宙視界也具有類似於**熵**和**溫度**的特性。

>> **3 秒鐘摘要**

霍金的黑洞蒸發理論為物理界打開了嶄新的大門，天文學家現在正努力著，希望能抓住那些宇宙前輩消逝並發出輻射的瞬間。

>> **相關主題**

黑洞
第 70 頁
霍金輻射
第 80 頁
霍金理論的證據
第 104 頁

"黑洞輻射會帶走原本黑洞具有的能量，黑洞質量將因此減少並逐漸萎縮。最終，黑洞會完全蒸發並消逝於無形。"

黑洞資訊的遺產

貝肯斯坦界限

物體的**熵**會隨著物體資訊增加而成長，根據熱力學第二定律，宇宙的總熵只會增加而不會減少。物理學家已知對黑洞而言，熵的大小只受外部事件視界的面積影響，換句話說，熵的大小完全取決於黑洞的質量。所以，當一個**固定質量的物體被空投至黑洞**，我們能知道黑洞因此增加熵的確切數量。但假設在某種情況下，物體攜帶的熵比黑洞能包含的熵還要大，那會發生什麼事呢？根據預期物體的熵會以某種型式消失，宇宙的總熵將因此減少，這便**違反了熱力學第二定律**。貝肯斯坦界限（Bekenstein Bound）則是限制落入黑洞物體所能夠攜帶的熵（或所攜帶的資訊），必須小於或等於落入黑洞後因物體質量讓黑洞增加的熵（或資訊）。

共形循環宇宙學

羅傑‧彭若斯從黑洞資訊詭論再加以延伸，提出了一個新理論來對抗暴脹與火劫宇宙模型。**彭若斯**發現一種數學方法，能把一次次發生的大爆炸宇宙串聯起來，即透過預測下一個宇宙的開端，來推論這一個宇宙的未來。這個新理論試圖解釋傳統**大爆炸模型**延伸的問題，並解決在彭若斯理論架構下另一個暴脹模型無法解釋的問題，也就是根據熱力學**宇宙總熵**只能增加，但為何至今宇宙總熵（或可指混亂程度）如此低？在彭若斯的理論架構之下，遙遠未來的黑洞會在當今宇宙過渡到下一個之前吞噬掉其中的熵。2010 年，彭若斯與其同事**瓦赫‧古薩德揚**（Vahe Gurzadyne）聲稱，他們已找到能支持此理論的天文證據。

簡易模型

物理學家試圖用新的理論解決**黑洞資訊詭論**，因此發展出的數學技巧，也同時幫助我們更深入了解量子重力論的眾候選者。在我們所處的完整四維時空中，這些理論極為複雜，但 1991 年代，一群美國的研究小組意識到，如果把空間的維度減少至一維不只能簡化理論、讓其中的數學更容易處理之外，還保留了完整**四維理論模型**中的重要性質。像這樣的簡單模型已經被廣泛應用，成為物理學家非常強大的工具。

>> 3 秒鐘摘要

根據霍金的理論，黑洞附近資訊所表現出的奇異性質，啟發了物理學及宇宙學領域許多了不起的新想法。

>> 相關主題
黑洞力學四大定律
第 76 頁
黑洞資訊詭論
第 82 頁

> 當你跳入黑洞，質量會以一種破壞性的方式歸還宇宙，很難再透過其中包含的訊息得知你曾經是什麼。

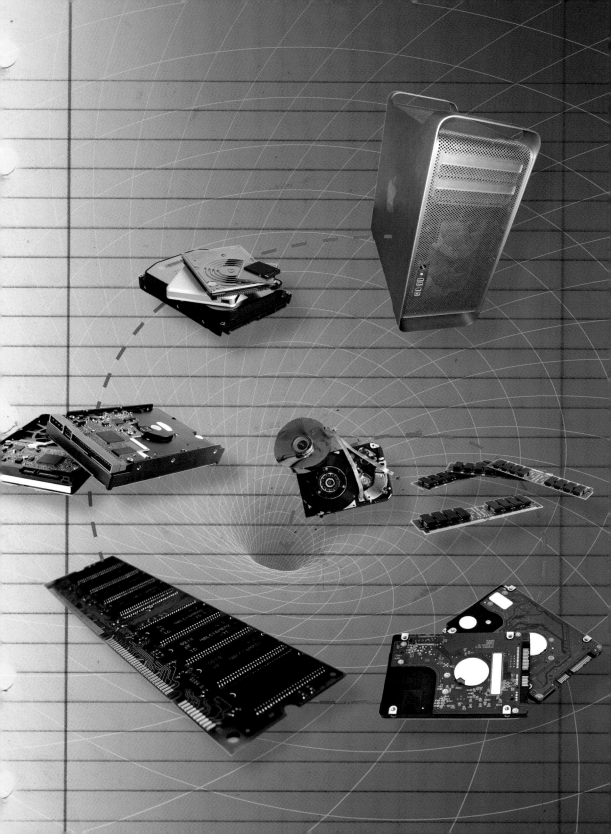

宇宙的誕生

維蘭金波函數

塔夫茨大學的物理學家亞歷山大 · 維蘭金提出了一個新理論來取代**哈特爾 · 霍金的宇宙無邊界論**。透過量子力學的運動方程式，宇宙的大小受到量子宇宙論控制，數學上稱為**尺度因子**（scale factor）。不過，該如何決定此方程式中的宇宙初始態？哈特爾和霍金的理論允許所有的可能性，不論收縮宇宙或擴張宇宙都是合理的初始態。反之，**維蘭金**認為應該給定**初始態為單純的擴張宇宙**，他認為像這樣的邊界條件才能生成暴脹的宇宙，進而解決標準大爆炸模型下衍生的問題，而這是宇宙無邊界論所辦不到的。

永恆暴脹理論

新版本的暴脹理論已經恢復能與宇宙無邊界論初始態相容，稱做「永恆暴脹理論」，這個模型是由俄羅斯物理學家**安德烈 · 林德**（Andrei Linde）於 1986 年提出。林德認為，當宇宙還很年輕的時候，一旦暴脹的條件符合，不論該區域的體積多麼微小，都會立刻膨脹並迅速主宰整個**宇宙的總體積**。在這種情況下，只要哈特爾 · 霍金理論的初始態能預測到一個機率不為零的狀態讓暴脹發生，那麼暴脹的發生就幾乎是必然。更重要的是，這個模型中大部分的宇宙仍然會處於膨脹中的狀態，而我們只是住在一個小「**氣泡**」中，而此時氣泡的暴脹過程恰巧已然結束。

暗能量

1990 年代發現的第一個證據認為，事實上，我們所處並可觀察到的宇宙似乎還要經歷一輪溫和的膨脹，當時有兩個獨立的美國天文物理研究團隊，分別公布了對於遠處超新星爆炸的觀測證據。在這些觀測發布之前，一般認為宇宙會在**自身重力作用之下減速**，使得遠處的超新星看起來比實際亮。但觀測證據卻有完全相反的結果，超新星的亮度比預期來得暗，這暗示宇宙的膨脹正在加速。理論物理學家表示，這樣的加速度是由一個瀰漫在空間假想能量場的**抵抗重力效應**，也就是所謂的「暗能量」（dark energy）。三位發現此現象的天文學家共同獲得 **2011 年物理諾貝爾獎**。

>> 3 秒鐘摘要

許多物理學家嘗試引用霍金關於量子宇宙論與暴脹理論來解釋宇宙的誕生，以及為什麼我們能夠存在。

>> 相關主題
宇宙學
第 84 頁
暴脹
第 86 頁
量子宇宙學
第 88 頁

> 宇宙的邊界必須擁有某種很特別的條件，但還有什麼比沒有邊界來得更特別呢？

時間空間

火劫宇宙

　　2001 年，霍金的同事圖洛克提出火劫宇宙模型，提供了物理學家在暴脹以外另一個選擇，這個**深奧的概念**以弦論為基礎，主張我們所處的三維宇宙會與其他的三維平行宇宙發生週期性的碰撞，透過這些碰撞我們的宇宙能夠保持**光滑平坦**，這也正是暴脹理論試圖解答的現象。正如同暴脹理論，火劫宇宙模型也解釋形成星系時那些不規則密度的來源。不過該如何證明兩個理論誰是誰非呢？其中一種可能的方法是觀察早期宇宙留下的重力波（也就是空間中的漣漪），在暴脹理論中，這些重力波應該要存在而且被觀測到，但火劫宇宙模型裡不存在任何對早期宇宙重力波的預測。不過目前實驗物理學家尚未成功建立**偵測重力波的儀器**。

*釋註：南極的 BICEP2 望遠鏡觀測到太初重力波。

多連通宇宙論

　　廣義相對論並沒有提及我們所處的宇宙空間該如何與自身連接，舉例來說，宇宙會像一個球體（走得夠遠可以回到原點），或像一個圓環（想像我們把一張平坦的紙兩端彎曲連上），或者兩者皆非而是一種更複雜的形狀？有一群來自**巴黎天文臺**的物理學家主張我們的宇宙應該是最後一個選項，他們認為宇宙的形狀是巨大的**十二面體**，有著十二個規律的平面，如果你從其中一面離開宇宙，你將會通過反向的對應面重新進入。這組研究團隊認為，他們已經從宇宙微波背景輻射的圖形中找到能證明此理論的證據。

超越光速

　　當 1992 年霍金客串《星際爭霸戰》系列影集時，他出現在企業號的「**曲速引擎**」旁說了這一句知名的臺詞：「我正忙著處理這玩意兒」。不過另一位物理學家搶了先機，1994 年**米格爾 · 阿爾庫別雷**（Miguel Alcubierre）以宇宙膨脹理論發表了概念性的「曲速引擎」。他的想法是用一層負能量物質圍繞船身形成一個外殼，這會使船身後方的空間以**指數膨脹**，同時，船身前方的空間會以相同的速度萎縮，兩者綜合的效應能讓船艦以無法想像的速度抵達目的地。部分物理學家提出他們的**質疑**，認為想要利用這麼大量的負能量物質根本是不切實際。

>> 3 秒鐘摘要

近十年來，許多針對宇宙的起源與演化的理論誕生，科學家也試圖把相對論應用到某些看似不可能的領域，例如建立曲速引擎。

>> 相關主題

暴脹
第 86 頁
量子重力論
第 92 頁

> 宇宙可能是從一個點開始，然後平緩地膨脹，在膨脹的過程中，宇宙會從重力場借走能量來產生物質。

通往量子重力學的路

弦論黑洞

　　大部分霍金的研究，都集中研究相對論與量子力學論間難以處理的隔閡。在關於**黑洞的量子行為**研究中，他基於所謂的半古典近似計算出黑洞的熵，在此近似方法中，物質與能量的量子描述以廣義相對論中的古典（非量子）曲線背景收尾。這種近似並不完美，因為它很可能忽略掉重要的量子引力效應。然而，哈佛大學的物理學家**伐發**（Cumrun Vafa）與**斯楚明格**（Andrew Strominger）在1995年基於**弦論**提出的完全量子重力論，能計算出與霍金的半古典近似相同的黑洞熵。

循環量子重力

　　弦論只是建構量子重力論的一種方法，除了弦論以外還有許多不同的發展，其中一個備受關注的理論稱為「**循環量子重力**」。在這個理論當中，空間和時間擁有最小尺度的結構，物理學家稱之為「自旋網路」，如**鎖子甲**一般，是一種相互關聯形成的循環結構。該理論由**李 · 斯莫林**（Lee Smolin）率先在1990年提出，後來紐約州雪城大學的研究團隊也相繼加入。斯莫林和他的同事發現，利用此結構來重鑄時空的數學公式，能產生與量子定律更加相容的新架構，同時，循環量子重力論計算出的黑洞熵也與其他理論相符，如果我們將其應用到宇宙學，更能成功消除**宇宙大爆炸的奇異點**。

因果集合論

　　因果集合論（causal sets）是一種建構量子重力論的方法，由美國雪城大學的物理學家**拉斐爾 · 索爾金**（Rafael Sorkin）首先提出。這個理論有兩項基本前提，第一是**時空**以離散的塊狀成型，這個概念建立在量子力學的基礎根本之上；其次，空間和時間的離散點只有在因果關係（因與果的先後順序）得以被保存的狀況下方能進行演化。這意味著時間順序中，「果」不可能先於「因」，更精確地說來，在訊息從「因」以光速傳播到「果」之前，事件的結果不可能發生。因果集合論至今最成功的地方在於，它精準預測了宇宙中所含的**暗能量**。

>> 3 秒鐘摘要

霍金在量子重力論的修正方面有著卓越的貢獻，繼霍金之後也有許多聰明的物理學家投入這個領域，基於霍金的成果再發展新理論。

>> 相關主題

暴脹
第 86 頁
量子重力論
第 92 頁

> 根據現今的理論，古典廣義相對論會在奇異點附近失效，此時我們必須考慮量子物理所產生的效應。

量子資訊理論

輸入量子位元

　　幾位霍金的學生正尋找著量子理論與資訊之間的關聯，於是誕生了一個全新的領域，稱做「**量子資訊理論**」，用量子類比取代了傳統用位元傳遞資訊的方式，就是所謂的「**量子位元**」（qubit）。量子位元儲存在量子粒子中，因此它們的行為必須遵循量子物理學**那些違反直覺的定律**。傳統的位元只能是 1 或 0，不過量子不確定性允許量子位元可以同時既是 1 也是 0。

量子電腦

　　量子信息主要應用於建立量子電腦，量子電腦的運算能力即使是當今最先進的**超級電腦**也無法與其相提並論。量子電腦利用了量子位元可以同時是 1 和 0 的現象，可以同時且快速處理大量的資訊，以此概念延伸出應用，包括能在龐大資料庫中達到**光速般地**搜尋，這將為人類科技帶來飛躍性的創新。因為某些數學處理因為**太過複雜**，若採用古典電腦（使用傳統位元的電腦）進行運算，我們必須等待比宇宙年齡更長的時間才可得到結果，但如果應用**量子處理器**執行這些運算，只需要數小時、甚至數分鐘就能得到結果。科學家正積極建造史上第一臺量子電腦。

量子隱形傳輸與密碼系統

　　量子粒子對可以一種「**糾纏態**」的型式存在，這意味著如果你試圖影響其中一個粒子，不管此量子糾纏對的兩個粒子分隔多遠，另一個都會做出回應；這種現象可以作為「**無法破解密碼系統**」的基礎。此系統中，解除密碼封鎖的金鑰是通過另一個糾纏頻道傳輸，由於量子系統的不確定性，因此量測必定會對其造成改變，也就是說，任何試圖的竊聽者都會立刻暴露他們的存在，使用者隨即可以更改原本的金鑰。量子糾纏也被嘗試應用在**遠距離傳輸**（basic teleportation experiments），研究人員利用量子糾纏，將量子粒子所攜帶的資訊發送到不同的實驗室，其中一個成功案例是讓資訊跨越了六百多公尺的多瑙河。不過研究團隊隨後也補充，雖然實驗成功，但距離使用量子傳輸來運送人類還有很長的一段路。

>> 3 秒鐘摘要

根據霍金的理論，量子領域中的資訊會產生許多不合常理的怪事，不過現在量子資訊理論已經從科幻小說延伸到現實科技了。

>> 相關主題

黑洞資訊詭論
第 82 頁
黑洞資訊的遺產
第 136 頁

> "我們夢想的願望將在未來實現。隨著現今科技的腳步，我們擁有無限的可能性。"

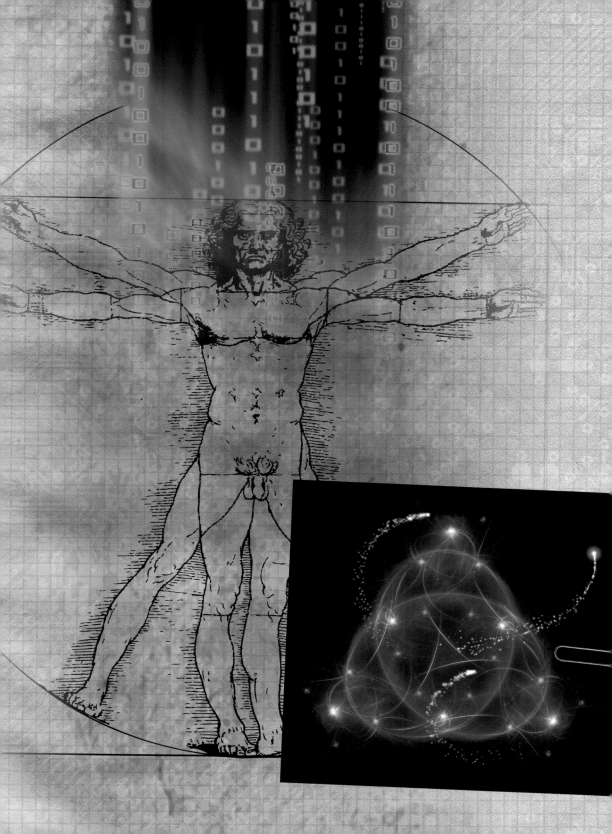

時光旅行

利用蟲洞回到過去

讓我們先把霍金的「**時序保護臆測**」擺一邊，物理學家的確想出了一些也許可以打造時光機的方法。其中一個是搭乘以接近**光速飛行的太空船**進入蟲洞（warmhole），根據狹義相對論當中的時間膨脹（time dilation）效應，此時**蟲洞的兩端**會產生時間差，因此我們可以透過蟲洞這個雙向通道進入未來或過去（但不能回到時光機尚未製造的時代）。當然，這還只是紙上談兵的理論。另外也有其他的**假想時光機**，有些試圖利用重力場的張力來推動時光旅行，有些涉及宇宙中的特殊物體，例如中子星、旋轉宇宙，以及宇宙弦（早期宇宙所留下來的巨量線性濃縮能量）等等。

平行宇宙

上述的時光機設計大多數都沒有考慮時光旅行可能產生的物理矛盾。有些物理學家引用量子理論的「**多世界詮釋**」（many worlds interpretation），試圖規避時光旅行對「因果」關係造成的矛盾與影響。「多世界詮釋」所代表的是，每當一個量子事件與多於一個以上的結果產生，宇宙就會分裂成足夠多的新宇宙，來適應每一個可能的結果。這個理論認為時間旅行將帶來類似的**宇宙分支效果**；因此，某位正在時光旅行的人，他會進入某一個在過去產生的平行宇宙分支，在這個平行宇宙發生的任何事，都不會對這位旅行者原本的宇宙歷史產生任何影響。

自洽性

還有一種可能的模式，可以自然地保護我們的宇宙時間軸不被時光旅行者的行動破壞。俄國物理學家**伊戈爾 · 諾維科夫**（Igor Novikov）所發表的證據認為大自然的物理會遵循所謂「**自洽性**」（self-consistency）原則，只有符合自洽性的歷史能夠存在。讓我們想像一下，假設你試圖透過時光機把一顆撞球送回幾秒之前，讓這顆撞球與過去的自己碰撞，讓它無法進入時光機。在這種情況下，自洽性原則會出手干預，確保這顆回到過去的未來球能以正確的方式擊中幾秒前的自己，而過去球仍然能被送進時光機，保持歷史**不發生任何矛盾**。

>> 3 秒鐘摘要

讓我們先把霍金的警告擺一邊，物理學家正蘊釀著讓人類能夠穿越時空的方式。

>> 相關主題

時間的真理
第 96 頁
時序保護臆測
第 98 頁

> 時光旅行曾經被認為是科學上的異教徒，我也曾因為害怕被貼上標籤談論而不敢談過，它已畅所欲言現在以了

以霍金為名

霍金樓

從 1960 年代中期開始，霍金就一直是**劍橋大學岡維爾與凱斯學院**的教授與研究員。2007 年，霍金樓正式啟用，劍橋大學以此表揚霍金多年來的貢獻。這棟大樓的建造費為**1,000 萬英鎊**（約美金 1,580 萬元），它是劍橋大學最高標準的學生宿舍之一，其內包括了 75 間房間、嶄新的教學空間，以及專門為肢體障礙學生打造的宿舍。從上方往下俯視，此建設擁有優雅的「**S 形**」，許多人都誤會這個 S 代表著霍金（Stephen Hawking），但其實該建築的外型設計是為了避免砍掉學院內的三棵老樹。就在霍金剛進劍橋時，還曾為這棟大樓鋤草，當時霍金的學生宿舍就在此棟大樓旁。

來自德州的讚揚

2010 年，著名的德州農工大學正式啟用花費數百萬美元建造的**霍金禮堂**，這棟位於米契爾基礎物理學和天文學研究所的建築，就是為了表達對一位特殊訪客喜愛而建造。1995 年，在霍金第一次拜訪德州農工大學後又陸續前來三次，為了表示對霍金最熱烈的歡迎，德州農工大學更以精心籌備的典禮為這座擁有**182 席位**的禮堂舉行開幕。霍金表示，他因為能再度拜訪久違的德州農工大學而感到興奮，同時也很感激此禮堂能與他同名。米契爾研究所所長**克里斯多弗博士**（Dr. Christopher），同時也是該研究所基礎物理霍金席位的持有者，1970 年代他在霍金指導下於劍橋大學完成了博士學位，從那時起他與霍金就一直保持同事與友好的朋友關係。

小行星霍金 7672

霍金相信小行星和行星之間的碰撞或許可以解釋智慧生命的起源，有趣的是，有**一顆小行星**正是以霍金為名。歷史上也不乏這樣的例子，人們透過命名天體表彰科學家的偉大成就，其中特別有名的像是普朗克、費曼、愛因斯坦。1995 年，捷克共和國的**克列特天文臺**發現這顆小行星霍金 7672，它在介於火星和木星之間環繞著太陽，每次繞行**周期為 1,235 天**。但目前我們對這顆霍金小行星的了解很少，不論是大小或化學成分都還未知。

>> 3 秒鐘摘要

為了感謝對霍金的貢獻，以霍金為名的各種致敬方式散布在劍橋大學、跨越太平洋到了美洲，甚至到達了外太空。

>> 相關主題

霍金目前的生活？
第 58 頁
永垂不朽的傳奇
第 150 頁

> 非常感謝岡維爾與凱斯學院在早期便給予我許多支持，不論是研究獎助金或讓我能擔任正式的研究雇員

劍橋大學的霍金樓

永垂不朽的傳奇

帶起科普的浪潮

　　2010 年，一份報導顯示英國學生在大學先修課程選擇數學與科學科目的比例激增，不論是透過書籍、演講或電視節目，許多都是受到霍金的鼓舞。而 2011 年申請進入大學主修物理系的比例，也比前年同期**上升了 17%**。透過娛樂性電視節目，例如**霍金與考克斯教授**的節目，或是美國喜劇影集《**生活大爆炸**》（The Big Bang Theory），都使得數學和物理研究再度進入大眾生活，並成為一種流行。在科學經歷了多年的人氣低迷後，這波浪潮帶起人們對於科學的關注，這種趨勢可能為科學研究、科技產業、科學教育，以及大眾對科學的了解產生十分重要的影響。

物理學的終點？

　　1980 年，霍金曾預言理論物理學將在二十年內**走到終點**。他認為科學家會發現一個能同時滿足相對論與量子力學的萬有理論，而理論物理學的研究大門將就此關上。很可惜這個想法是錯的，在眾多擁有相同想法的科學家中，或許霍金也是最早承認錯誤的一位。如今我們找到一條未曾走過的道路，一個新時代的物理學正在展開，而霍金也參與了其中大部分理論的推廣。例如粒子物理學的分支——弦論，主要目的就是結合相對論與量子力學，其延伸出來的 M 理論，更為物理學家和數學家帶來許多的全新挑戰。此外，歐洲核子研究中心的**大型強子對撞機**（Large Hadron Collider）實驗也將證明（或否決）許多理論物理學上根本的定律。

永垂不朽的傳奇

　　霍金幾乎已經獲得所有物理界頒布的獎項與榮耀（除了諾貝爾獎）。諾貝爾獎的授獎原則是獲獎理論必須**通過層層試煉**，並被證明其存在。對於新領域的物理（例如霍金的研究）來說，這樣的條件非常不容易達成。1921 年，愛因斯坦獲頒的諾貝爾獎也並非因為那舉世聞名且影響重大的相對論。另外，諾貝爾獎亦**不身後追授**，因此除非有人奇蹟般地證明霍金的理論，否則他將很難獲得諾貝爾獎。即便如此，霍金展現的堅強生命力與深遠的影響都堪稱傳奇。而霍金本人似乎也不太在乎那些王室所賜的榮譽或智商測試。是呀，他是**世上最長壽的漸凍人患者之一**，他從未停止追尋宇宙起源，他甚至**激勵了下一代的科學家**。這是多麼精彩的一生！

>> 3 秒鐘摘要
即使霍金沒有得到諾貝爾獎的肯定，但霍金的傳奇就像我們對宇宙研究的追尋一樣，將會一直流傳下去。

>> 相關主題
霍金目前的生活？
第 58 頁
以霍金為名
第 148 頁

> 如果人類沒有因為自相殘殺而從地球上消滅，那麼不論是大型強子對撞機或宇宙探尋計畫，對我們都非常重要。

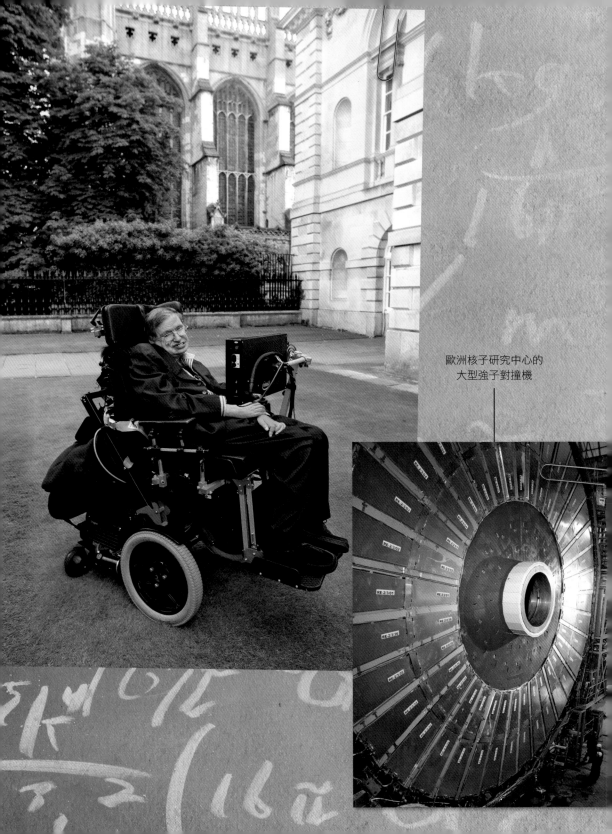

歐洲核子研究中心的
大型強子對撞機

時間表

1964

天文學家利用 X 射線探測器發現天鵝座 X-1，這是史上第一個黑洞候選者。

1972

以色列理論物理學家雅各布主張，對於某一個固定體積的空間而言，能被「塞入」其中的資訊是有限的。

1976

比爾 · 安魯證明了霍金輻射存在，因此對加速的觀察者而言，他所感受到的空間相對於靜止觀察者會較溫暖。

1981

霍金參加了在教廷舉辦的宇宙學研討會，並在會中並發表了宇宙無邊界論，引起教宗若望保祿二世對於該研究與霍金本人的興趣。

1986

安德烈 · 林德提出永恆暴脹理論，根據此理論，大部分的宇宙仍然處於膨脹中的狀態。

1990

李 · 斯莫林與同事提出了循環量子重力理論來取代弦論。

1994

卡倫、吉丁斯、哈維和斯勞明格為開創性的二維黑洞理論提出數學模型。

1994

米格爾 · 阿爾庫別雷以廣義相對論為基礎提出概念性的「曲速引擎」模型。

1995

伐發以及斯楚明格（Andrew Ststrominger）提出以弦論為基礎的完全量子重力論，這個理論計算出與霍金的半古典近似的黑洞熵。

1999

霍金出面召集包括德斯蒙德 · 杜圖等許多具有高度聲望的人士，他們進行全球性的活動，目標為預防導致身障的疾病，以及為身障人士爭取權益，並簽署了《第三個千禧年殘障憲章》。

2001

尼爾‧圖洛克與保羅‧斯坦哈特發表以弦論為基礎的火劫宇宙學說，提供暴脹學說外另一個能解釋宇宙行為的理論。

2003

霍金參加倫敦特拉法加廣場的反戰示威活動，抗議以美國為首的入侵伊拉克「戰爭罪」。

2003

霍金其特立獨行的一面，一反大眾對物理教授的期待，他還去過斯特林脫衣舞俱樂部。

2006

以霍金為主角的電視電影獲得英國奧斯卡獎，此影片展現霍金飛騰智慧與萎縮身體間的強烈對比，並生動地描繪了霍金面臨巨大挑戰時的勇敢精神。

2007

劍橋大學的岡維爾與凱斯學院啟用霍金樓，這棟大樓更是包括專為殘疾學生設立的特殊宿舍。

2009

就在美國的共和黨員以「邪惡」以及「歐威爾主義式」（Orwellian）的字眼批評英國的國民健保制度時，霍金挺身而出並支持健保概念，表示在英國的國民健保照顧之下，他才有活到今天的可能。

2010

在英國，選擇主修物理與數學的學生日益增多，是霍金與其同僚傑出的成就激發了學生的興趣，讓他們相信「念物理是很酷又聰明的決定」。

2010

在探索頻道的節目《霍金的宇宙》中，霍金對人們提出了警告，他認為外星的智慧生命很有可能並不對我們抱持友善的態度。

2011

珀爾穆特（Saul Perlmutter）、黎斯（Adam Riess）與施密特（Brian Schmidt）因為發現暗能量共同獲頒了當年度的物理諾貝爾獎，暗能量被認為是造成現今宇宙加速膨脹的主因。

2012/1/8

霍金歡慶 70 歲生日，自從他被診斷出罹患漸凍人症至今又過了將近五十年，今日的他已是史上最偉大的理論物理學家之一。

專有名詞

霍金小行星
Asteroid 7672 Hawking

該行星位於太陽系的火星與木星間，1995年首度被發現並以霍金命名。

英國影片與電視藝術研究院
BAFTAs

一般又稱為英國奧斯卡獎。2004年，一部描述霍金早期人生的影集獲得兩項提名。

因果集合論
Causal sets

量子重力論中一種將時空分為離散的各點網絡，即使運動速度不超過光速，各點仍可連結。

共形循環宇宙學
Conformal cyclic cosmology

由羅傑 · 彭若斯提出，將一次次發生大爆炸的宇宙串聯起來，即透過預測下一個宇宙的開端，來推論這一個宇宙的未來。

古巴危機
Cuban missile crisis

1962年，蘇聯於古巴部屬飛彈與中距離的核子導彈，引發一場極為嚴重的政治與軍事危機。為人類史上最接近核戰的事件。

《飛出個未來》
Futurama

《辛普森家族》動畫影集的作者馬特 · 格朗寧（Matt Groening）所製作的科幻動畫系列影集，霍金曾多次在此影集中客串。

重力波
Gravitational waves

當重量極大的物體（如黑洞或中子星）在時空中快速移動，其所激起的漣漪稱為重力波。

大型強子對撞機
Large Hadron Collider

位於法國與瑞士邊界歐洲核子研究中心裡的巨型儀器，目的是將次原子粒子以近光速的運動速度對撞，藉此了解它們的行為。此為全球能量最強的粒子加速器。

多世界詮釋
Many worlds interpretation

此理論敍述某事件在我們身處宇宙發生的機率為某值，會有一系列不同的平行宇宙，各自擁有此事件發生的不同機率。

多連通宇宙論
Multiply connected universe

此理論認為我們的宇宙可能是球面或甜甜圈形狀，因此當你從宇宙的某一面離開時，將會由反向的另一面進入。

袋貂公司
Possum

原為劍橋精益通訊公司（Cambridge Adaptive Communications），霍金輪椅上的電腦系統便出自於此公司。其所發展出的科技產品能讓身障人士在家中生活或工作時，擁有相當程度的獨立自主性。

太初黑洞
Primordial black holes

在早期宇宙所形成的黑洞。這些太初黑洞重達 1011 磅，但大小不超過 10-15 公釐。

量子資訊理論
Quantum information theory

探討在量子世界中的資訊（例如電腦中的資訊以一連串的 0 與 1 組成）所擁有的獨特性質。

自洽性
Self-consistency

此理論認為時光旅行所造成的改變只能在未來仍會依照原路且不會產生矛盾的狀態下發生。

超大質量黑洞
Supermassive black hole

為位於每個銀河系（包括我們的銀河系）中心的龐大巨型黑洞。

超對稱
Supersymmetry

粒子物理領域的理論之一，廣義而言，此理論認為兩大主要元素粒子類型（玻色子 [boson] 與費米子 [fermion]）中存在相似性。

幹細胞研究
Stem cell research

霍金曾公開批評美國前總統布希與歐盟禁止幹細胞研究的政策，霍金認為幹細胞的相關研究對發展退化性疾病（如漸凍人症）至關重要。

簡易模型
Toy model

在科學領域中高度簡化的一種理論模型，在進行完整的模型前，研究者有時會建立一個「證實概念」的模型，或是為問題建立「輪廓」。例如，在完整的四維時空理論前，1990 年代所發展的量子黑洞的二維模型。

三叉戟級核導彈系統計畫
Trident system

英國核導彈系統計畫，在 2020 年以前會進行重大且極其昂貴的翻新。霍金公開反對發展核武以及此計畫。

維蘭金初始態
Vilenkin initial state

維蘭金所提出的新理論來取代哈特爾與霍金的宇宙無邊界論，即給定初始態為單純的擴張宇宙。

VoiceText

NeoSpeech 公司的文字與語音轉換引擎，能產生更自然且逼真的音色。2011 年夏天，霍金開始使用這個新的嗓音。

3 分鐘看霍金

早期的生活

　　1942 年 1 月 8 日，霍金在牛津誕生，並在此度過了童年時光；8 歲時全家搬往聖奧爾本斯，一座位於赫特福德郡的英國小鎮。霍金的父親原本非常期望兒子能隨其腳步攻讀醫學，不過霍金並不這麼想。1959 年，他進入牛津大學主修自然科學（數學和物理的合併科系）。當時霍金是個懶散的學生，對他來說大學的課程太過簡單無法引起興趣，但最後仍成功通過考試，進入劍橋大學宇宙學研究所攻讀博士學位。在劍橋時的霍金非常出色，以優異的博士論文確立了學術地位，成為一顆正要嶄露頭角的新星。不幸的是，霍金在 1963 年被診斷罹患肌萎縮側索硬化症（俗稱漸凍人症），這是一種無法痊癒的疾病。透過對工作的專注與熱誠，他克服了打擊，他與珍之間的情感更是不可或缺的力量，兩人於 1965 年結婚。

家庭生活

　　1967 年，霍金的第一個孩子誕生，在羅伯特之後接著是 1970 與 1979 年報到的露西與提摩西。與此同時，霍金在研究上也突飛猛進，1974 年，他發表了開創性的發現——黑洞會發出某種特定的輻射。此後，獎項及榮譽如雨後春筍不斷湧出，並在 1979 年獲授盧卡斯數學榮譽教授席位達到高峰。1980 年代，霍金對量子重力論與暴脹理論的相關研究貢獻良多，同時也參與尋找終極的「萬有理論」。但考驗隨之而來，1985 年，漸凍人症併發的肺炎幾乎奪走他的生命，幸好在進行氣管切開術後得以保住性命，但代價是失去了自己的聲音，從此霍金必須使用電子語音合成器與人溝通。

超級巨星

　　在霍金的照護支出與家庭花費日益增加的情況下，他開始寫作科普書籍。1988 年，《時間簡史》出版，並火速引起眾人的注意，空降暢銷書排行榜第一名，將霍金推升成全球家喻戶曉的明星。1990 年，他為了護士伊蓮而與珍分居一事震驚了全世界，兩人隨後在 1995 年結婚，但這段轟轟烈烈的婚姻最終還是在 2006 年結束。即使世紀轉換，霍金仍持續進行研究，源源不絕地發表新論文，除了在劍橋大學任職外，也同時擔任加拿大圓周理論物理研究院的特聘研究教授。就在 2012 年 1 月，這位偉大的物理學家打破所有人的眼鏡，歡慶了他的 70 歲生日。

> 在過去的 49 年當中，我始終活在死亡的陰影下；我並不害怕死亡，也不急著死，我有這麼多事要完成。我把大腦視為一部電腦，當它的零件壞掉也將停止運作，對壞掉的電腦而言是沒有天堂或死後的生活，那只是為了那些害怕黑暗的人所編造的童話故事。

參考資料與致謝

書籍

Black Holes and Baby Universes and Other Essays
Stephen Hawking
BANTAM BOOKS, 1994

**Black Holes and Time Warps :
Einstein's Outrageous Legacy**
Kip Thorne
W.W. NORTON & COMPANY, 1995

**The Black Hole War : My battle with Stephen Hawking to
Make the World Safe for Quantum Mechanics**
Leonard Susskind
BACK BAY BOOKS, 2009

A Brief History of Time
Stephen Hawking
BANTAM BOOKS, 1995

A Briefer History of Time，
《圖解時間簡史》／大塊文化出版
Stephen Hawking and Leonard Mlodinow
BANTAM BOOKS, 2008

**The Elegant Universe : Superstrings, Hidden Dimensions
and the Quest for the Ultimate Theory**，
《優雅的宇宙》／臺灣商務出版
Brian Greene
VINTAGE BOOKS, 2000

George's Secret Key to the Universe，
《勇闖宇宙首部曲：卡斯摩的祕密》／時報出版
Stephen and Lucy Hawking
SIMON & SCHUSTER, 2009

God Created the Integers
Stephen Hawking (ed.)
RUNNING PRESS, 2007

The Grand Design，《大設計》／大塊文化出版
Stephen Hawking and Leonard Mlodinow
BANTAM BOOKS, 2010

The Large Scale Structure of Space-Time
Stephen Hawking (et al)
CAMBRIDGE UNIVERSITY PRESS, 1975

On the Shoulders of Giants
Stephen Hawking
RUNNING PRESS, 2003

Stephen Hawking : A Life in Science，
《霍金傳》／藝文印書館出版
Michael White and John Gribbin
JOSEPH HENRY PRESS, 2002

Stephen Hawking : Quest for a Theory of Everything
Kitty Ferguson
BANTAM, 2003

The Universe in a Nutshell，《胡桃裡的宇宙》／大塊文化出版
Stephen Hawking
BANTAM BOOKS, 2001

雜誌與文章

10 Questions for Stephen Hawking
Time Magazine, November 15, 2010
www.time.com

How to Build a Time Machine
Daily Mail, April 27, 2010
www.dailymail.co.uk

Why God Did Not Create the Universe
Wall Street Journal, September 3, 2010
online.wsj.com

**Life and the Cosmos, Word by Painstaking Word : A
Conversation with Stephen Hawking**
The New York Times, May 9, 2011
www.nytimes.com

Stephen Hawking : "There is no heaven ; it's a fairy story"
The Guardian, 15 May 2011
www.guardian.co.uk

網站

Hawking's personal web site
www.hawking.org.uk

Hawking's technical papers on Arxiv
arxiv.org/find/all/1/au:+Hawking/0/1/0/all/0/1

Hawking lecture transcripts
www.hawking.org.uk/index.php/lectures

Hawking's NASA 50th Anniversary Lecture
www.youtube.com/watch?v=3PCAGm5a1r8

Department of Applied Mathematics and Theoretical Physics
www.damtp.cam.ac.uk

Discovery Channel site for Stephen Hawking's Universe
dsc.discovery.com/tv/stephen-hawking/

Stephen Hawking's appearance in Star Trek
http://www.youtube.com/watch?v=mg8_cKxJZJY

MC Hawking spoof YouTube channel
www.youtube.com/user/therealmchawking/videos

旅遊生活

養生

食譜

收藏

品酒

設計 語言學習

育兒

手工藝

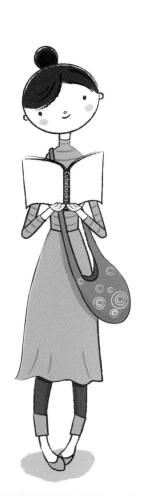

CUBEPRESS, All Books Online
積木文化‧書目網

cubepress.com.tw/list